동북아시아 유교의 전통과 현대

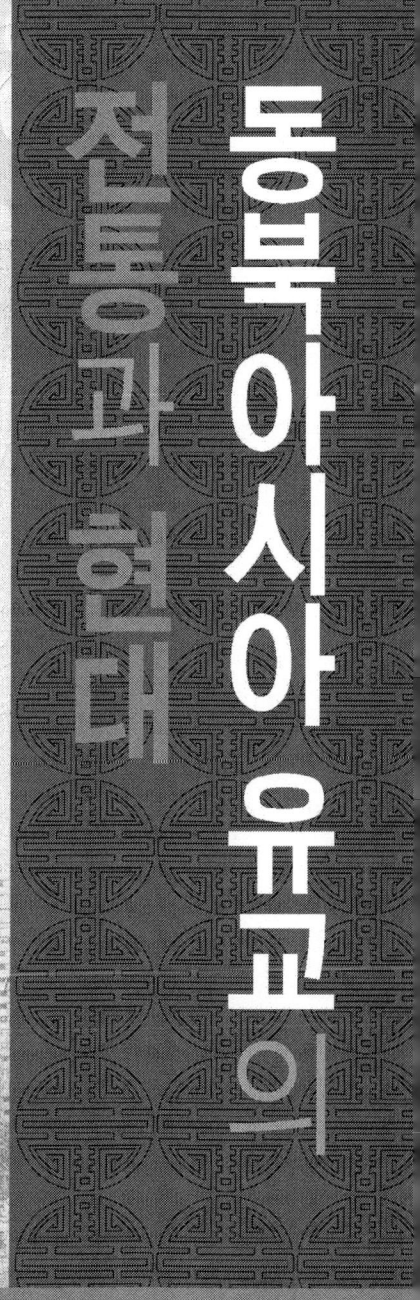

The Tradition and Modernity
of the Confucianism
the North-Eastern Asia

원 열 지음

동북아시아 유교의 전통과 현대

서는 유교와 민주주의의 상호 관계를 살펴보고, 유교 민주주의에 대해 체계적으로 고찰한 뒤, 이 유교적 공동체의 윤리관이
위적인 전체주의를 내면화시키고 타자를 배제하는 문제가 있다는 점을 비판하여 새로운 공동체 윤리관을 모색하는 데 있다.

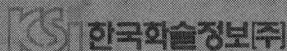 한국학술정보㈜

머리말

지난 몇 년간 사회적으로나 개인적으로 많은 변화가 있었다. 사회적으로는 한미 FTA를 둘러싼 문제들이 큰 사회적 화두로 등장하였고, 그 가운데 비정규직 노동이 문제의 중심으로 대두하였다. 개인적으로는 학술단체협의회 대외협력위원장으로 활동하면서 동시에 한미 FTA 저지 교수학술단체 사무총장 일을 하게 되었고, 한미 FTA를 사회철학의 관점에서 연구하게 되었다. 그 과정에서 조만간 출판될 학술단체협의회 편 『한미 FTA와 한국의 선택』(한울출판사)의 일부 내용을 맡게 되었다. 이런 진보적인 사회 활동 중 한양사이버대 교양학부 철학 교수가 된 것은 뜻밖의 사건이 아닐 수 없다. 일반적으로 어느 대학이든 보수적인 경향이 일반적이기 때문에 한양사이버대와 나의 만남은 흔하지 않은 의외의 사건인 것이다. 이러한 변화의 소용돌이 속에서 지난 5년간 꾸준히 진행했던 학술적 작업들을 다시 되돌아보게 되었다. 대학 강의를 통해 그리고 시민 강좌를 거치면서 그 학술 작업의 과정과 결과를 끊임없이 거론하였고 많은 사람들이 그것을 하나의 단행본으로 만들기를 원했으며 내 자신도 학적인 정리의 필요성을 느꼈다. 왜냐하면 그 동안 저술했던 것들은 대부분 전문적인 학술 논문으로 대학생이나 시민이 일일이 찾아보기가 불편하였고 어떤 것들은 아예 검색이 불가능한 자료도 있었기 때문이다. 그래서 2002년부터 2006년에 걸친 학적 작업들을 단행본으로 엮기로 결정한 것이다.

이번에 출간하는 『동북아시아 유교의 전통과 현대』는 모두 여섯 편의 논문으로 구성되어 있다. 이 책에 수록된 순서대로 제시하면 다음과 같다. 제1장 동북아시아 삼국의 근대성에 대한 비판적 고찰, 제2장 황도 유교의 사유체계와 방법론적 문제점에 대한 비판, 제3장 유교 윤리의 근대적 변형에 대한 비판적 고찰, 제4장 민중의 관점에서 바라본 문화대혁명, 제5장 유교 민주주의론에 대한 비판적 고찰, 제6장 유교 민주주의와 공동체 윤리관. 이것들 가운데 어떤 것은 한국학술진흥재단의 연구지원에 의한 논문이고, 다른 것은 전혀 출판된 적이 없는 학회 발표 논문이다. 논문과 발표문 자료들에 대해서는 각 장마다 시작 부분에 각주로 상세한 근거를 밝혀놓았으니 그 부분을 참조하기 바란다.

중요한 것은 여러 논문들을 한 권의 책으로 엮게 된 문제의식이다. 여러 논문들에서 서로 특별히 연관이 되는 문제의식은 동북아시아의 전통(Tradition)과 근대/현대의(Modern) 문제다. 나는 '전통과 근대/현대'라는 문제의식을 지니고 다음과 같은 질문을 하게 되었다. 근대 이행기 동북아시아의 사람들은 엄청난 전통의 무게를 감당하면서 어떤 근대적 세계를 꿈꾸고 근대 사회를 만들어 갔는가? 그리고 그 동북아시아의 철학과 사상들 가운데 전통 사회의 지배 이념이었던 유교는 어떤 위상을 지녔고 어떤 사회적 영향을 미쳤는가? 동북아시아 특히 우리의 유교 전통에서 오늘날 민중의 관점에서 비판적으로 바라보고 새롭게 해석할 것들은 없는가? 이러한 질문들 속에서 지난 몇 년간 유교의 전통과 현대에 관한 연구를 진행하였고 국내외에서 논문을 발표하였으며 논문 발표장에서 진지하면서도 열정적인 토론을 전개하였다. 그 연구의 결과물이 이곳에 수록된 논문들인 것이다.

전문적인 학술서적임에도 많은 분들이 책을 읽어 현재 개정 증보판을 준비 중인 단행본 책이 있다. 2년 전인 2005년 한국학술정보에서 발간한 『중국 철학의 인간 개념 연구』가 그것이다. 그 책에 수록된 '책머리에'라는 글을 다시 읽으면서 당시의 문제의식이 지금 얼마나 구체적으로 실천되었는지를 돌이켜 보니 여러 가지 생각이 떠오른다. 당시 내가 기획했던 것은 사회철학과 관련된 대중적 저술과 고전에 대한 재해석이 담긴 저술이었다. 그러던 중 2006년 『최제우의 동경대전』(삼성출판사)을 펴냈는데 사회철학의 대중화와 연관하여 진땀 꽤나 뺐던 책이다. 내게는 철학 논문보다도 어려웠던 것이 바로 학생이나 일반인을 위한 대중서였던 것이다. 또한 우리의 고전들에 대한 재해석은 시민강좌에서 강의를 하면서 상당히 많은 양의 번역과 새로운 해설 그리고 사회철학적 비평 자료들을 축적했다. 그렇다고 그 번역들을 조급하게 출판할 생각은 없다. 몇 번이고 내용을 검토하여 그 재해석이 무르익은 후 그때 가서 출판해도 결코 늦지 않기 때문이다. 그런데 지금 생각해보면 삶의 의미를 발견할 수 있는 것은 결국 이상실현이다. 내게는 이상이 있기에 살아야할 이유와 근거가 있는 것이다. 이상실현의 길!!! 이상을 실현하기 위한 사회적 실천 속에서 유일하게 삶의 의미를 발견할 수 있는 것이다. 아직 가야할 이상실현의 길은 멀고먼데 내게 주어진 생물학적 시간은 별로 없다. 그렇다면 앞으로 어떻게 살 것인가? 개인적으로 이상실현에 대해 좀 더 치열한 문제의식을 지니고, 이상을 실현하기 위한 사회적 실천에 집중할 것이다.

2007년 8월 31일

여름과 가을이 갈마드는 계절
행당동 연구실에서

김 원 열

● 차 례 ●

제 **1** 장

동북아시아 삼국의 근대성에 대한
비판적 고찰

― 근대 이행기 '전통과 근대'의 민족 문제를 중심으로 ―

제1장
동북아시아 삼국의 근대성에 대한 비판적 고찰[1]

― 근대 이행기 '전통과 근대'의 민족 문제를 중심으로 ―

요약문

이 연구의 목적은 근대 이행기 동북아시아 삼국의 근대화 과정에서 비롯된 '민족'(nation) 문제를 중심으로 '근대성'(modernity)의 형성 과정을 상호 비교의 방법으로 고찰하고, 그 근대성이 지닌 문제점을 비판적으로 검토하는 것이다. 특히 근대 동북아시아의 '근대성'을 제대로 규명

---

1) 논문 출처: 김원열, 「동북아시아 삼국의 근대성에 대한 비판적 고찰」, 『시대와 철학』제16권 3호, 한국철학사상연구회, 2005, 109-146쪽.

하기 위해서는 그 '근대'의 '다중성'(多衆性)에 유의해야 한다. 왜냐하면 '전통과 근대'가 이항대립적으로 서로를 배척하는 단일한 의미만을 지닌 것이 아니라, '전통'과 '근대'가 각각 다양한 의미를 내포하고, 다양한 계급들 사이에도 상호 대립하면서 서로에게 큰 영향을 미치며, 심지어는 자기 자신이 타자(他者, the other)를 닮아가는 다양한 측면들이 있기 때문이다.

근대 이행기 동북아시아의 '근대성'과 긴밀한 연관이 있는 '민족'(民族, nation) 혹은 '민족주의'(民族主義, nationalism) 문제에서 19세기 이전에는 동북아시아에 근대적 의미의 '민족주의'보다는 종족적 의미의 '공동체'가 존재했고 그 '공동체'가 제국주의에 대항하는 가운데 '민족 공동체'로 형성되었으며, 그 결과 비로소 '민족'이나 '민족주의' 개념이 구성되었다. 그런데 민족 문제를 중심으로 '근대성'이 형성되는 과정에서 무엇보다 '민중 중심'의 근대적 특성이 중요하다. 예컨대 태평천국운동이나 갑오농민전쟁과 같은 평등 지향적인 민중 운동 속에서 동북아시아의 내재적이고 기층적인 근대성이 중요한 것이다. 반면에 일본의 침략적 민족주의는 동북아시아의 근대적 발전을 심하게 왜곡시킨 일차적 원인이었고, 현재 일본이 과거의 문제를 철저히 반성하지 못하고 있으며, 일본 우익의 침략적인 민족주의의 문제는 각국의 민족 국가의 한계를 뛰어넘는 진정한 의미의 지역 통합체의 가능성을 원천적으로 가로막고 있다.

동북아시아가 공동으로 번영하기 위해서는 다음과 같은 노력이 필요하다. 첫째, 동북아시아의 민중과 민중적 지식인들이 '평화' 문제에 대한 의식 공유의 차원에서 항시적인 의사소통의 공간인 (가칭) '평화를 위한 동북아시아 민중 연대'를 결성한다. 둘째, '전쟁'에 반대하고 '평화'를 정착시키기 위한 공동의 지적 작업이 필요하다. 셋째, 동북아시아의 '평화'를 해칠 수 있는 침략적 민족주의의 문제에 대해 철저히 비판하고, 국민 국가의 공간적 한계를 뛰어넘는 새로운 해결책을 적극적으로 모색하는 실천적 연대가 절실히 요청된다.

주제: 동양철학, 동북아시아철학, 한국철학, 사회철학, 문화철학
검색어: 근대성, 전통, 민족, 민족주의, 제국주의

1절 글을 시작하며

이 글의 목적은 근대 이행기 동북아시아 삼국의 근대화 과정에서 비롯된 '민족'(nation) 문제를 중심으로 '근대성'(modernity)의 형성 과정을 상호 비교의 방법으로 고찰하고, 그 근대성이 지닌 문제점을 비판적으로 검토하는 것이다. 특히 근대 동북아시아의 '근대성'을 제대로 규명하기 위해서는 그 '근대'의 '다중성'(多衆性)에 유의해야 한다. 왜냐하면 '전통과 근대'가 이항대립적으로 서로를 배척하는 단일한 의미만을 지닌 것이 아니라, '전통'과 '근대'가 각각 다양한 의미를 내포하고, 다양한 계급들 사이에도 상호 대립하면서 서로에게 큰 영향을 미치며, 심지어는 자기 자신이 타자(他者, the other)를 닮아가는 다양한 측면들이 있기 때문이다.

'근대 이행기 동북아시아 삼국'2)의 '전통과 근대'에 관한 연구에서 '전통'3)(傳統, tradition)이라고 할 때 좀 더 논의 대상을 한정할 필요가

---

2) 이 연구의 대상 시기는 동북아시아 삼국이 제국주의의 경제적 / 군사적 침략을 통해 엄청난 '충격들'을 경험했던 '근대 이행기', 그중에서도 19세기 중반과 후반 그리고 20세기 초기를 주요 시기로 설정한다. 이에 따라 '동북아시아 삼국'이라고 했을 때, 근대 이행기의 '조선 / 중국 / 일본'을 의미한다. 물론 '동북아시아'라는 용어의 시작은 서구 제국주의 국가들이 '동북아시아'를 타자(他者)로 대상화(對象化)하면서 만든 자의성(恣意性)의 문제를 포함하고 있지만, 오리엔탈리즘(orientalism)에 대한 문제의식을 전제한다면 오늘날 이 용어를 특정 지역의 개념으로 활용할 수 있다고 생각한다.

3) 흔히 '전통'이라고 하면 마치 '고정 불변의 실체'로서 간주하는 경향이 있다. 그러나 '전통'은 결코 단일한 실체가 아니다. '전통'은 현시점에서 창조되거나 날조되며 끊임없이 재해석되고 재규정되는 매우 '유동적인' 개념이다. 1870 – 1914년 유럽에서 국가가 중심이 되어 전통을 대량 생산하는 현상에 대해서는 다음을 참조할 것. 홉스 보옴·랑거 편, 『전통의 날조와 창조』, 최석영 역,

있다. 동북아시아의 '전통'이라는 개념은 워낙 그 사상적 외연이 넓기 때문에 논의를 매우 산만하게 만들 염려가 있기 때문이다. 그런데 근대 이행기에 동북아시아의 전통적인 지배질서를 가치론적으로 가장 철저하게 옹호했던 이념은 다름 아닌 '유교'였다는 사실에 주목할 필요가 있다. 다시 말해 '유교'는 동북아시아의 다른 어떤 사상들보다 정치적으로 핵심적인 지배 이념의 역할을 했던 것이다. 따라서 동북아시아의 사상적 '전통들', 예를 들어 유교(儒敎), 불교(佛敎), 도교(道敎), 동학(東學), 신도(神道), 기타 민간신앙들 가운데 근대 사회 형성 이전의 지배 이념이었던 '유교'의 전통을 중요한 연구 대상으로 삼고자 한다.

그렇다면 동북아시아의 '근대성'(近代性, modernity)이란 무엇인가? '근대성'에서 이 '근대'(modern)는 동북아시아의 '전통'(tradition)과 이항대립적인 의미로 사용된다.[4] 다시 말해 '전통과 근대'를 이항대립적으로 본다는 것은 동북아시아의 고유한 가치관과 서구의 근대 자본주의적 가치관을 둘로 나누고 그것을 대립적으로 파악하는 인식 방법인 것이다. 기존 철학계의 연구를 살펴보면, 근대 이행기 동북아시아 삼국에 대한 연구는 거의 없고, 철학사라 해도 일국의 사상사의 맥락에서 '전통'과 '근대'를 이항대립적으로 파악하고 있다.[5] 이러한 '전통과 근대'에 대한 일국 중심의 연구들이 지닌 문제점은 근대 이행기 당시 유기적으로 매

서울, 서경문화사, 1995, 387–436쪽.

4) 흔히 '동양과 서양'과 같은 표현도 이항대립적인 구조를 갖추고 있다. 사이드는 오리엔탈리즘(orientalism)의 문제를 다루면서 다음과 같이 설명한다. "오리엔탈리즘은 '동양'과 (대체로) '서양'이라고 하는 것 사이에서 만들어지는 존재론적이자 인식론적인 구별에 근거한 하나의 사고방식이다." 참조. Edward W. Said, 『오리엔탈리즘』, 박홍규 역, 서울, 교보문고, 1991, 14–15쪽.

5) 대표적으로 한국철학사상연구회, 『강좌 한국철학』, 서울, 예문서원, 1995, 한국철학사연구회, 『한국철학사상사』, 서울, 한울아카데미, 1997을 들 수 있다. 이전의 한국철학사 관련 연구들보다 훨씬 내용이 풍부하고 새로운 연구 성과를 반영하고 있지만, '전통과 근대'를 이항대립적으로 설정하고 논의를 전개하는 문제점이 있다. 참고로 일본의 연구 중에는 松島隆裕 외, 『동아시아 사상사』, 조성을 옮김, 서울, 한울출판사, 1991가 있는데, 이 연구는 '비교 연구'라는 표제에도 불구하고 실제 내용은 삼국을 각각 개별적으로 다루고 있다.

우 밀접한 연관이 있었던 동북아시아 삼국의 사상적 특징을 상호 비교하여 그 특징을 밝히기 어렵다는 점이다. 그리고 보다 중요한 문제는 동북아시아의 '근대성'은 '다중'(多衆)의 의미를 지니고 있는데, 이항대립적으로만 볼 경우에는 그 '다양한 의미'와 그 '복합적 의미'를 사상시킬 염려가 있는 것이다. 동북아시아의 '근대성'을 제대로 규명하기 위해서는 그 '근대'의 '다중성'6)(多衆性)에 유의하여 '전통과 근대'가 이항대립적으로 배척하는 단일한 의미를 지닌 것이 아니라, '전통'과 '근대'가 각각 다양한 의미를 내포하고 있으며 다양한 계급들 사이에도 대립하면서 서로에게 큰 영향을 미치고, 심지어는 자기 자신이 타자(他者, the other)를 닮아가는 다양한 측면들을 연구할 필요가 있다.

또한 근대 이행기 동북아시아의 '근대성'은 '민족'7)(民族, nation) 혹은 '민족주의'8)(民族主義, nationalism)와 긴밀한 연관이 있는 '민족 국

---

6) 여기서 '근대성'이 '다중'의 의미를 담고 있다는 것은 '전통과 근대'라고 했을 때 그 '근대'가 단순히 '서양의 근대'만을 의미하지 않는다는 것이다. 구체적으로 동북아시아의 '근대성'은 각국의 특수한 역사적 / 사회적 / 문화적 조건과 제국주의의 영향 정도, 그리고 농민, 지주, 노동자, 자본가 등 계급적 입장에 따라 다양한 의미가 형성될 수밖에 없다. 따라서 동북아시아 '근대'의 '다중성'(多衆性)은 다양한 계급이 자신이 처한 사회적 조건에 따라 인식하고 구성했던 '근대의 모습들'이 지닌 특성을 의미한다.

7) 'nation'의 번역어인 '민족'(民族)은 '국민'(國民) 또는 '국가'(國家)로도 번역될 수 있다. 그런데 '민족'과 '국민'은 동북아시아의 '근대성'을 구성 짓는 중요한 용어들이다. 이 용어들 가운데 '민족'은 상대적으로 운명공동체의 특성이 강하고, '국민'은 상대적으로 국가주의적 함의가 강하게 나타난다. 그러나 일반적으로 볼 때 '민족'은 '국민'과 엄밀하게 구별되지 않고 혼재되어 사용된다. 왜냐하면 '민족'이란 용어 자체도 '국민 국가'의 요청으로 구성된 국가주의적 함의를 지니고 있으며, '국민'이란 용어도 공동의 운명공동체라는 의미를 지니고 있기 때문이다. 따라서 이 글에서도 '민족'이나 '국민'을 엄격히 구분하지 않고 사용한다는 점을 미리 밝혀 둔다.

8) 민족주의(民族主義)는 '민족'을 단위로 최고의 가치를 '민족의 이익'에 두는 이념이다. 이 글에서는 민족주의라고 해도 서술의 편의상 침략적 / 대항적으로 나누지만 그 구분은 질적 차이가 전제된 것이 아니다. 왜냐하면 민족주의는 전체의 획일적인 동원을 통해 달성하려는 일정한 목적이 있으며, 민족주의를 극단적으로 밀고 나가면 오직 자민족의 이익만을 추구하여 타민족을 억압하거나 배제하는 결과를 초래하기 때문이다.

가'의 문제이기도 하다. 왜냐하면 근대 이행기 초기인 19세기 중반 동북아시아에서 '민족 국가'의 수립은 서구 제국주의에 맞설 수 있는 유일한 대안으로 모색되었기 때문이다.9) 따라서 기존 연구들과는 달리 본 연구에서는 조선, 중국 그리고 일본의 민족 개념의 형성을 '전통과 근대'의 측면에서 상호 비교하여 동북아시아 삼국의 근대성을 비판적으로 고찰하고자 한다. 그런데 19세기 개항 이전 동북아시아에 근대적 의미의 '민족'(nation)이나 '민족주의'(nationalism)가 존재했던 것일까? 다시 말해 19세기 이전 동북아시아가 내재적으로 자본주의적 생산양식에 의한 통일된 상품 시장과 그 시장에서 주도적인 역할을 하는 자본가 계급이 존재하여, 그들의 이념으로서 '민족'이나 '민족주의'가 실제로 존재했던 것일까?

19세기 이전 동북아시아에 근대 자본주의와 긴밀한 연관이 있는 경제적 의미의 '민족'이나 '민족주의'는 존재하지 않았으며, 다만 종족적 의미의 공동체가 다양하게 분포되었다. 예를 들어 중국의 한족(漢族)은 오랜 기간 다른 종족인 여진족(女眞族), 구체적으로 만주족(滿洲族)의 지배하에 있었기에, 중국에서 근대적 의미의 '민족'이나 '민족주의'의 본격적인 전개는 손문의 중국동맹회(中國同盟會)가 국민혁명을 전개한 1905년을 기다리지 않으면 안 되었다. 또한 조선이나 일본도 종족적 차원의 공동체를 유지했지만, 그 공동체 내의 첨예한 분열을 상징하는 신분적 차별을 19세기 이전에는 내부적 힘에 의해 완전히 해체시키지 못했다. 따라서 19세기 이전에는 동북아시아에 근대적 의미의 '민족주의'보다는 종족적 의미의 '공동체'가 존재했던 것이다. 이 글에서는 '공동체'가 제

---

9) 시기적으로 근대 이행기 초기인 19세기 중반에 한정할 경우 경제적으로든 군사적으로든 '침략적 민족주의'인 제국주의에 맞설 수 있는 현실적 / 이념적 대안은 '민족 국가'였지만, 20세기로 넘어가면 사회주의(社會主義), 무정부주의(無政府主義), 공산주의(共産主義) 등 다양한 반제(反帝) 사조가 새로운 대안을 모색하게 된다. 그러나 이 글에서는 근대 이행기 초기를 대상으로 하기 때문에 다양한 반제 사조들에 대해서는 다루지 않고 '민족' 또는 '민족주의'의 문제만을 다룰 것이다.

국주의에 대항하는 가운데 '민족 공동체'로 형성되고, 그 결과 비로소 '민족'이나 '민족주의' 개념이 구성되는 과정에 주목하고, 그 과정이 동북아시아 삼국의 '근대성'을 특징짓는 것으로 규명하고자 한다.

　이 글은 다음과 같이 구성되었다. 제2장에서는 '유교적' 전통에 대해 동북아시아의 지식인들이 비판한 중요한 근거를 살펴보고, 민중들이 유교적 전통을 어떻게 동요시켰는가를 검토한 뒤, 그 속에 내재된 전통의 변형을 고찰한다. 이 과정을 통해 '유교적' 전통에 대한 비판이 사실은 근대 사회를 지향하고 있었다는 점이 규명될 것이다. 그리고 제3장에서는 동북아시아의 '민족'이나 '민족주의' 개념이 '민족 국가'의 형성이라는 '근대성'과 밀접한 연관이 있다는 사실을 분석하여 그 과정에 두 계기가 있었다는 점을 살펴본다. 첫 번째 계기는 제국주의에 대항하는 '민족 국가'의 결핍에서 비롯하여 '민족 국가'를 형성하려는 의지가 표출된 것이고, 두 번째 계기는 대항적 민족주의를 통해 형성된 '민족 국가'가 침략적 민족주의, 즉 제국주의로 전환하는 '민족 국가'의 과잉이 나타난 것이다. 특히 침략적 민족주의가 지닌 '근대성'의 문제를 비판적으로 지적함으로써 향후 동북아시아의 평화적 공존을 위한 건설적인 논의에 보탬이 되고자 한다. 제4장 결론에서는 본론의 논의들을 간략히 요약하고, 동북아시아의 '근대성'이 지닌 문제점을 다시 한 번 비판적으로 언급하며, '민족' 문제에 대한 평화적 해결을 위해 구체적인 방법을 제안한다.

2절 전통에 대한 비판과 근대 지향성

1. 유교적 전통에 대한 비판

1840년 '해가 지지 않는 제국' 영국은 동북아시아 삼국 가운데 중국을 대상으로 제국주의적 무력을 동원해 강제로 전쟁을 일으켰다. 정의롭지 못한 전쟁인 아편전쟁을 통해, 1842년 중국은 영국의 군사력에 굴복해 전례 없는 불평등조약을 맺고 물밀 듯 밀어닥치는 자본주의 상품들 앞에서 속수무책이었다. 이 아편전쟁과 남경조약은 중국 지식인들에게 매우 치욕적인 큰 '충격'의 사건이었으며, 이 엄청난 소식을 전해들은 일본과 조선의 지식인들도 중국 지식인들과 마찬가지로 큰 '충격'에 휩싸여 19세기 중반 쇄국정책을 더욱 고수하여 중국의 전철을 밟지 않으려고 하였다.

그런데 무력적 충돌과 패배 그리고 불평등조약이 성립하던 그 당시 동북아시아 삼국은 '유교적' 전통이 자리잡고 있었다. 그 '유교적 전통'은 동북아시아 사회의 지배 이념으로 작동했기에 어떤 사상적 유산보다도 지식인들 내면 깊숙이 자리잡고 있었던 것이다. 그렇다고 해서 동북아시아에서 '유교적' 전통이 완전히 동일한 형태를 갖춘 것은 아니다. 예를 들어 조선 유교의 경우 성리학(性理學)만이 유일한 지배 이념이었으며 같은 유교라도 양명학, 즉 심학(心學)조차 사문난적(斯文亂賊)으로 몰릴 정도였다. 이에 반해 중국 유교의 경우는 성리학뿐만 아니라 심학(心學)과 고증학(考證學)도 포함하는 광의의 유교적 전통을 구성하고 있었던 것이다. 그리고 일본은 조선이나 중국과도 다르게 상대적으로 짧은 유교적 전통의 역사를 지니고 있었으며, 그 유교도 심학(心學)과 신도

(神道)를 통해 일본 중심으로 변용된 점이 특징적이었다. 이와 같이 '유교적' 전통의 차이는 동북아시아 삼국의 '근대성' 형성에도 적지 않은 영향을 미쳤던 것이다.

서구 제국주의의 '충격'에 대해 적절한 '대응'의 전략을 수립하기 위해서는 무엇보다 중국이 영국에게 패배한 원인을 규명하는 것이 필요하며, 이 원인 분석은 동북아시아 삼국의 지식인들에게 중요한 지적 과제였다. 서구 제국주의와의 전쟁에서 패한 원인에 대해 지식인들의 입장에는 크게 두 가지 흐름이 있었는데, 하나는 패배의 원인을 현상적인 측면에서 군사력의 현격한 차이로 보는 것이고 다른 하나는 '유교적' 전통에 근본적인 문제가 있다는 인식이었다.

전쟁의 패배를 군사력의 차이로 파악하는 것은 당시 많은 지식인들이 폭넓게 공유했던 의식의 형태였다. 그래서 그 충격에 대한 현실적 '대응'도 군사력을 강화시키는 쪽으로 모아졌던 것이다. 즉 군사력을 서구식으로 강화한다면 제국주의 국가에 대응해서 동북아시아의 우수한 전통을 수호할 수 있다는 것이었다. 예를 들어 중국의 양무파인 장지동(張之洞; 1837-1909)이 자강운동을 전개하면서 "중국의 옛 [유교의; 인용자 주] 학문을 중심으로 하고 서양의 새로운 학문을 [자강에; 인용자 주] 이용한다."[10]고 주장한 것은 바로 '중체서용'(中體西用)의 논리를 전개한 것이다.[11] 그러나 이러한 자강운동은 성공할 수 없었는데, 서구의 군사력을 뒷받침하는 자본주의 경제나 정치체제 그리고 근대철학이 부재한 상태에서 단지 서구 군사기술을 모방만 해서는 제국주의를 극복할 수 없기 때문이다. 그래서 중국 지식인들은 자강운동이 아닌 변법운동을 통해 중국을 근본적으로 변혁하려고 시도한 것이다. 예컨대 19세기 후반 대표적

---

10) 張之洞, 「勸學篇」, 『中國文化精華全集』哲學 卷3, 北京, 中國國際廣播出版社, 1992, 1007쪽.
11) 이러한 中體西用의 대응이 단지 중국에 국한된 것은 아니다. 근대 이행기에 일본의 和魂洋才나 조선의 東道西器도 중체서용과 유사한 절충적 사유체계를 갖추고 있는 것이다.

인 변법론자인 강유위(康有爲; 1858-1927)가 과거의 유교적 권위에 의지해 현실 중국의 제도를 바꾸려고 한 것[12])은 자강운동보다 더욱 근본적인 방식이었다. 그러나 자강운동이나 변법운동을 추진했던 지식인들은 '유교적' 전통 자체를 근본적으로 비판할 수 없었다는 점이 특징적이다.

당시의 지식인들이 '유교적' 전통을 근본적으로 비판하는 것에는 많은 어려움이 따른다. 우선 이 비판 작업이 어려운 것은 지식인들이 어려서부터 익숙하게 '유교'를 최고의 진리로 배웠고 그것이 오랜 시간을 거쳐 이미 내면화되었다는 점을 들 수 있다. 그래서 '유교적' 지식인이 자신의 존재 근거인 '유교적' 전통을 비판한다는 것은 철저한 '자기 부정'을 거쳐야 한다는 것을 의미한다. 그런데 지식인의 자기 부정은 결코 수월하게 이루어지기 어려운 것이다. 왜냐하면 '자기 부정'은 대부분 존재 근거의 상실로 인한 심각한 좌절을 거쳐야 하기 때문이다. 또한 지배 이념으로서 '유교적' 전통은 전통적인 지배 체제를 유지시키는 핵심적인 역할을 수행해 왔다는 점도 중요하다. 어떤 정권이나 왕조가 바뀌거나 멸망하더라도 전통적인 지배 이념인 '유교'는 항상 살아남아 지배자의 권력을 합리화시키는 역할을 했던 것이다. 예컨대 국민혁명파인 추용(鄒容; 1885-1905)조차 만주족(滿洲族)의 왕조인 청(淸)뿐만 아니라 거슬러 올라가 한족(漢族)의 진(秦)까지 모두 '백성을 노예로 만들어 전제정치가 된 것'[13])을 비판하면서도, 성인(聖人)인 공자(孔子)의 유교는 차마 비판하지 못하는 것이다.[14]) 무엇보다 그 사회의 지배 이념을 비판한다는 것은 수많은 불이익을 감수해야 하고, 심지어는 생명까지도 걸어야 된다는 것을 의미하기 때문에, '유교적' 전통 자체를 근본적으로 문제시하는 비판적 입장은 결코 쉽게 나타날 수 없었다. 따라서 중국에서 '유교적' 전통과 그 정점에 있는 '공자'에 대한 철저한 비판은 1910년대 중

---

12) 참조. 康有爲, 「孔子改制考敍」, 『中國文化精華全集』哲學 卷3, 北京, 中國國際廣播出版社, 1992, 854-856쪽.
13) 鄒容, 「革命軍」, 『中國變革文化名著』, 延吉, 延邊大出版社, 1995, 585쪽.
14) 같은 책, 600쪽.

반 신문화운동의 '공가점타도'15)(孔家店打倒)에 가서야 본격적으로 이루어질 수 있었다. 그만큼 공자가 중국의 '유교적' 전통에서 차지하고 있는 지위가 절대적이었다는 사실을 말해 준다.

그런데 일찍이 안등창익(安藤昌益; 1703?-1762)은 '저절로 그런 상태'(自然)의 입장에서 공자를 '직경'(直耕)의 성과물을 훔친 자로, 그의 '유교'를 성인의 작위(作爲)인 사법(私法)이라고 비판했다.16) 그가 매우 철저하게 공자를 비판할 수 있었던 것은 그의 세계관이 인간은 누구나 직접 농사를 지어야 한다는 농민의 입장을 대변했기 때문이다. 이러한 그의 공자 비판은 덕천막부(德川幕府)의 봉건체제에 존재했던 생산관계를 본격적으로 비판하는 것으로 이어진다. 예컨대 그는 '농사짓지 않고 먹을 것을 탐하는 자'(不耕貪食者)인 무사(武士)와 유학자나 종교인을 비판함으로써,17) 사상적 측면에서 불평등한 봉건체제 자체를 부정하고 미래의 새로운 평등 사회를 지향하는 것이다. 그러나 그의 공자 비판이 제대로 계승되지 못하고 단절을 겪고 외면된 것은 역사적 사실이다. 봉건체제하에서는 그와 같이 철저히 민중의 평등한 세계관을 대변하는 지식인이 나오기 어려웠던 것이다. 그런데 19세기 후반 계몽사상가로서 복택유길(福澤諭吉; 1835-1901)은 맹자 이후 유학자들이 '공자와 그 이전의 옛 성인에 대해서는 한마디 비판도 하지 못'18)하는 현상을 비판한다. 또한 그는 유교의 죄를 다음과 같이 지적한다. "옛것을 믿고 옛것을 섬길 뿐 조금도 스스로 궁리하지 않고, 이른바 정신의 노예(멘탈 슬레이브)가 되어 옛사람의 도(道)를 위해서 온 정신을 바치고 오늘날의 세상에서 옛사람의 지배를 받고 그 지배를 전승하여 오늘날의 세상을 지배하고, 인간 사회 곳곳에 정체되어 흐르지 않는 요소를 주입시킨 것 바로 이것이

---

15) 1919년 5·4 시기 '공가점타도'(孔家店打倒)에 대해서는 다음을 참조할 것. 侯外廬 主編, 『中國思想史綱』下冊, 北京, 中國靑年出版社, 1981, 354-355쪽.
16) 永田廣志, 『日本思想史』, 東京, 法政大出版局, 1967, 157쪽.
17) 丸山眞男, 『日本政治思想史硏究』(1952), 김석근 역, 서울, 통나무, 1995, 386-388쪽.
18) 福澤諭吉, 『文明論의 槪略』(1875), 정명환 역, 서울, 홍성사, 1986, 188쪽.

죄라고 할 것이다."[19] 이와 같이 그는 '유교적' 전통을 상고주의(尙古主義)로 규정짓고 그것을 철저히 비판하는데, 그가 활용한 것은 바로 서양의 문명에 기반을 둔 근대 학문이었다. 결국 그의 계몽사상은 명치유신 초기 개혁과정을 대변하는 것으로 급속한 '위로부터의 근대화'를 사상적으로 기초 짓는 역할을 한 것이다. 비교해 보면 안등창익이 봉건체제 안에서 농민들의 이익을 대변하여 봉건적 지배 체제 자체를 비판한 내재적 근대 지향의 사상가였다면, 복택유길은 봉건체제가 붕괴되고 왕정체제가 수립된 명치유신하에서 서양의 문명으로 '유교적' 전통을 비판한 외재적 근대 지향의 사상가였다.

조선의 경우는 어떠한가? 19세기 중반 조선의 유학자들은 오랫동안 '소중화주의'(小中華主義)라는 문화의식을 바탕으로 '척사위정'(斥邪衛正)에 몰두하였고, 조선 왕조는 쇄국정책을 완고하게 유지하고 있었다. 이런 상황에서 '유교적' 전통 특히 '주자학' 전통을 철저히 비판하는 것은 거의 불가능했다. 그런데 명치유신으로 급속하게 근대화를 구축하고 있던 일본은 침략적 정책을 추진하여 운양호(雲揚號) 사건을 일으키고 무력을 앞세워 불평등 조약을 조선에 강요하였다. 일본의 무력 앞에서 조선은 1876년 강화도조약을 맺고 그 조약에 따라 어쩔 수 없이 개항을 하게 된 것이다. 그런데 조선이 개항을 했어도 오랜 기간 '유교적' 전통을 비판하는 것은 가장 금기시되었다. 예컨대 조선의 현실을 비판하고 부국강병을 추구한 개화파들도 '유교적' 전통을 내놓고 비판할 수 없었던 것이다. 그러나 정통적인 '유교적' 교육을 받았던 신채호(申采浩; 1880 - 1936)의 경우는 지식인 일반과 달랐다. 일본에 의해 망해가던 조선의 현실에서 그는 독립운동에 헌신함으로써 자신을 형성시킨 '유교적' 전통을 철저하게 비판하는 자기 부정의 단계에 도달하게 된 것이다. 특히 망국의 상황에서 그는 절대적 존재였던 공자조차 다음과 같이 격하시킨다. "무릇 나라의 원수가 된 이상에는 비록 공자·예수라도 이를 성인으로

---

19) 같은 책, 189쪽.

보지 않고 흉악한 원수로 보며, 천신으로 알지 말고 악마로 알며, 그와 내가 같이 서지 않으리라는 혈분(血憤)을 가져야 원수를 갚을 날이 있을 것이거늘, 이제 망국을 당하여 이런 언설이 없을 뿐 아니라 이런 심리까지 없었도다."[20) 이와 같은 공자의 상대화는 기존의 '공자의 조선'[21)에 대한 비판과 함께 동일한 문제의식으로, 민족의 이익을 가장 우선시하는 가치 기준에서 나올 수 있는 것이다. 그런데 그가 공자를 상대화시킨 의도는 실제로 조선이 망한 원인을 '유교적' 전통에 두고 있기 때문에 가능한 것이었다. 예를 들어 식민지의 현실에서 그는 과거 지배이념이었던 유교 도덕의 폐해를 '관념의 오류, 복종의 지나친 강조, 공과 사의 전도, 지나치게 소극적인 것'[22)으로 철저히 비판한다. 그런데 그는 단지 '유교적' 전통만을 비판하는 것에 머문 것이 아니라, 다양한 독립운동을 전개하면서 끝내 민중의 직접 폭력 혁명을 실천하게 된다.[23)

동북아시아 지식인들 가운데 '유교적' 전통을 비판했던 사상가들을 살펴봤지만, '유교적' 전통에 대한 지식인들의 비판만으로 '유교 사회'가 바뀌는 것은 아니다. 실제로 전통적인 '유교 사회'를 동요시킨 것은 바로 다수 농민들로 구성된 민중 봉기를 통해 가능하였다. 그것이 바로 중국의 태평천국운동과 조선의 갑오농민전쟁에서 나타난 민중의 봉기였다.

---

20) 안병직 편, 『신채호』, 서울, 한길사, 1979, 167쪽.
21) 같은 책, 176쪽.
22) 같은 책, 156-158쪽.
23) 신채호의 「조선혁명선언」에 대해서는 다음을 참조할 것. 같은 책, 187-196
   쪽. 국가가 없는 상황에서 민족을 강조하며 독립운동을 전개하던 그가 일본
   국가의 권위 일체를 부정할 수 있는 이념적 근거를 '민중의 폭력'에서 찾는
   과정은 주목할 가치가 있다.

2. 민중에 의한 유교적 전통의 동요

동북아시아의 '유교적' 전통이 붕괴되기 시작하고 새로운 근대적 세계관이 형성되는 데에 단지 외부적인 서구 제국주의의 근대 문화의 영향뿐만 아니라 내부적으로 민중운동이 미친 영향은 결코 무시할 수 없다. 만약 동북아시아의 전통과 근대의 문제를 지식인들 중심의 논의에만 국한한다면 동북아시아의 근대성 규명은 부분적이고 일면적인 한계를 안게될 것이다. 19세기 후반 민중운동은 불평등한 봉건체제의 억압으로부터 자유롭고 평등한 삶, 즉 근대적 의미의 '평등 지향성'을 지니고 있었으며, 왕을 정점으로 하는 기존 '유교적' 전통을 실질적으로 붕괴시키는 역사적 의미가 있었다. 예컨대 중국 민중의 태평천국운동은 내부적으로 '유교적' 전통을 동요시키는 데 큰 역할을 했으며, 조선 민중의 갑오농민전쟁도 조선의 '유교적' 전통을 흔들어 놓는 데 크게 기여했던 것이다.

동북아시아의 '유교적' 전통이 기반하고 있는 경제적 토대는 토지의 점유권이다. 전근대 사회의 봉건체제에서 가장 문제가 되는 것이 이 토지를 둘러싼 이해관계의 대립인 것이다. 그래서 왕조체제하의 수많은 민중봉기가 일어났을 때 항상 '평등'을 지향하는 '토지균분'을 내세웠던 것이다. 태평천국운동에서도 이러한 평등 지향이 잘 나타난다. 태평천국운동의 전개과정에서 홍수전(洪秀全; 1814-1864)은 토지 문제에 대해 "무릇 토지를 분배하는 것은 다음과 같다. 사람의 수를 살필 뿐, 남과 여를 구별하지 말라. 그 집의 사람 수가 많고 적은 것을 계산하여 사람이 많으면 많이 나누어 주고 사람이 적으면 적게 나누어 준다. 토지는 모두 9등급으로 한다."[24)고 선언하고 있다. 이것은 토지를 남녀의 차별 없이 균등하게 분배하려는 시도로, 민중의 이익이란 측면에서 기존의 봉건적

---

24) 洪秀全, 「天朝田畝制度」, 『中國變革文化名著』, 延吉, 延邊大出版社, 1995, 207쪽.

토지 점유권을 철폐하는 것을 의미한다. 이러한 봉건적 생산관계에 대한 부정과 '유교적' 전통에 대한 비판은 상호 긴밀한 연관이 있다. 왜냐하면 '유교적' 전통은 봉건적 생산관계에서 지주의 이익을 철저히 대변하는 지배이념이기 때문이다.

중국의 '유교적' 전통에 대한 태평천국 초기 농민군의 비판은 철저하였다. 그래서 공자 및 유교 서적에 대한 전면적인 부정에 이르고 있다. 예를 들어 태평천국의 포고문 가운데는 다음과 같은 내용이 있다. "무릇 공자, 맹자, 제자백가의 모든 요망한 글과 사악한 설명은 모두 다 불태워 없애라. 누구든 그것을 매매하거나 보관하거나 학습하지 마라. 이 명령을 어기면 죄를 묻겠다."25) 그런데 그 죄를 다스리는 방식이 바로 '참형'(斬刑)이었으니, 얼마나 철저하게 '유교적' 전통을 부정했는지 명확하게 보여준다. 그런데 이러한 '유교적' 전통에 대한 비판이 태평천국 초기에는 봉건적 토대를 붕괴시키는 데 큰 역할을 했지만, 일단 태평천국이 남경을 중심으로 지배력을 확보하자 '유교적' 전통과 타협하는 경향이 나타나곤 한 것도 사실이다.26) 그만큼 '유교적' 전통이 완강했던 것을 의미하고, 또한 민중의 독자적인 정치적 평등 이념을 현실 속에서 구현하기 어렵다는 것을 뜻한다. 그러나 태평천국운동이 초기에 전통적인 '유교적' 향촌질서를 붕괴시키는 데 크게 기여한 것은 분명한 사실이다.27) 이러한 점에서는 갑오농민전쟁도 마찬가지다.

갑오농민전쟁 과정에서 농민군이 일종의 해방자치기관인 집강소(執綱所)를 통해 폐정개혁안(弊政改革案)을 실제로 관철시킴으로써 기존의 '유교적' 전통 질서를 동요하게 만든 것은 중요한 의미가 담겨 있다. 그 폐정개혁안 12개 조목 가운데 '노비문서를 불태워버릴 것'이나 '젊은 과부의

---

25) 侯外廬 主編, 『中國思想史綱』下冊, 北京, 中國靑年出版社, 1981, 198쪽에서 재인용.
26) 같은 책, 199쪽.
27) 다음을 참조할 것. Joseph R. Levenson, *Confucian China and Its Mordern Fate* Ⅱ, Berkeley, Univerty of California Press, 1966, 100－102쪽.

재가를 허락할 것', '토지는 평균으로 나누어 경작하게 할 것'과 같은 것들은 양반 중심의 불평등한 유교적 향촌 질서를 기초부터 뒤흔드는 요구였다. 이와 같이 '유교적' 전통 질서를 부정하고 민중의 평등의식을 반영한 농민군의 요구는 근대 지향적 특성을 지니고 있는 것이다. 민중적 지식인이었던 전봉준(全琫準; 1855-1895)은 당시 농민의 혁명의지를 내용으로 하고, 동학이라는 신흥 종교의 조직을 충분히 활용하였다. 그런데 동학의 창시자인 최제우(崔濟愚; 1824-1864)도 이미 유교적 전통에 대해 비판적인 의식을 지니고 있었다. 예를 들어 그는 유교에 대해 다음과 같이 비판한다. "아서라 이 세상은 요순지치(堯舜之治)라도 부족시(不足施)요 공맹지덕(孔孟之德)이라도 부족언(不足言)이라."[28] 다시 말해 그는 유교의 통치이념이 조선 말의 사회문제를 해결할 수 없는 한계를 분명히 인식하고 있는 것이다. 그래서 그는 "유도불도(儒道佛道) 누천년(累千年)에 운(運)이 역시 다했던가."[29]라 한탄하고, 외래 종교인 천주교, 즉 서학(西學)에 대응하여 새로운 민족 종교로 동학(東學)을 창시한 것이다. 따라서 갑오농민전쟁과 동학 속에는 조선의 통치이념이었던 '유교'에 대한 부정과 비판의식 그리고 새로운 평등 사회에 대한 열망과 의지가 담겨 있는 것이다.

역사적 사실로 볼 때 태평천국운동과 갑오농민전쟁은 모두 유교적 지식인들과 제국주의자들에게 패배한 민중운동이다. 그러나 이 민중운동은 민중의 이익을 철저히 관철하려는 매우 조직적인 변혁운동이었다는 점에 그 역사적 의의가 있다. 그리고 이 민중운동의 공통점이 '유교적' 전통에 대한 현실적 비판과 부정이며, 완고한 '유교적' 지배 질서를 동요시켰다는 사실이 중요하다. 다만 태평천국운동은 서구 제국주의 국가의 대표적 종교인 기독교의 형식을 자의적으로 이용하고, 갑오농민전쟁은 새로운 종교인 동학의 형식을 이용하였다는 차이점이 있다. 그런데 독특한 사실은 일본의 민중운동의 경우는 잦은 농민봉기에도 불구하고 태평

---

28) 동학연구원 편, 『용담유사』, 서울, 자농, 1991, 252쪽.
29) 같은 책, 56쪽.

천국운동이나 갑오농민전쟁과 견줄 만한 조직적인 대규모 민중운동이 발견되지 않는다는 점이다.[30] 이러한 사실은 동북아시아 삼국의 민중들이 동일한 역사적 / 사회적 조건에 놓여 있지 않았다는 것을 의미한다. 막부 시기에 비록 민중적 지식인인 안등창익과 같은 사상가가 없었던 것은 아니지만, 명치유신 이후 일본은 '위로부터의 근대화'를 강력하게 추진하는 과정에서 민중이 그 정책을 뒤따르는 특징을 지니고 있다.

3. 근대 지향 속 전통의 변형

확실히 '근대성' 문제가 전면에 등장한 것은 서구 제국주의의 '충격'에 근본적인 원인이 있다. 근대 이행기인 19세기 후반 동북아시아 삼국은 전통적인 생활양식과는 매우 이질적인 서구 근대 문화의 '충격'을 경험하게 된다. 그리고 오랜 기간 그 '충격'에 맞서 동아시아 삼국은 새로운 '민족 국가'를 구성하여 독점자본의 팽창정책인 '제국주의'에 '대응'하려고 노력했다. 다시 말해 그 서구의 '충격'으로 동북아시아 지식인들은 "자주적 독립이냐? 아니면 종속적인 식민지냐?"라는 양자택일적 상황에 처하게 된 것이다. 이미 쇄국정책이 불가능한 수세적 상황에서 보수적인 전통주의자들은 기존의 입지가 흔들렸으며, 개항과 더불어 서구 제국주의의 막강한 군사기술을 모방하여 자주적 독립 국가를 수립하려는 새로운 사상의 흐름이 생성되기 시작했다. 이러한 양상이 중국의 양무운동, 일본의 왕정복고운동 그리고 조선의 개화운동으로 나타난 것이다.

---

30) 일본의 경우 막부 말기 붕괴되던 농촌 사회에서 기존 지배체제에 대한 저항의 봉기가 광범위하게 이루어졌는데, 예를 들어 '마비키'(間引), '잇키'(一揆), '우찌고와시'(打毁し)가 바로 그것이다. 참조. 丸山眞男, 『日本政治思想史研究』 (1952), 김석근 역, 서울, 통나무, 1995, 487-488쪽.

그러나 전통의 무게는 새로운 근대 사상의 흐름을 가로막아, 양무파나 왕정파 그리고 개화파는 자국의 '익숙한' 전통과 타자(他者; the other)의 '낯선' 근대를 절충하는 논리를 제시할 수밖에 없었다. 그것이 바로 중국 양무파의 중체서용(中體西用), 일본 왕정파의 화혼양재(和魂洋才) 그리고 조선 개화파의 동도서기(東道西器)라는 절충주의의 논리, 즉 서구 근대 문명의 선별적 수용 논리로 나타난 것이다. 여기서 과거 절대적 의미를 지니고 있던 '유교적' 전통은 상대적 의미로 변형될 수밖에 없었다.

그러나 서구 근대 문명의 선별적 수용 논리는 한편으로 불가피한 선택이었겠지만 분명한 현실적 한계를 지닐 수밖에 없었다. 절충주의인 선별적 수용 논리는 정신과 물질의 이분법에 기초한 것인데, 현실적 측면에서 근대적인 서구의 물질문명과 그 근대정신을 분리하는 것 자체는 불가능하기 때문이다. 그래서 동북아시아 지식인들은 서구의 근대정신이 깃든 정치제도를 전면적으로 수용하려고 노력을 기울이게 된다. 예컨대 일본의 명치유신, 조선의 급진적 개화운동, 그리고 중국의 변법운동이 바로 그러한 근대화의 실천이다. 특히 중국의 변법운동은 1895년 일본과의 전쟁에 패함으로써 양무운동의 실질적 파산을 겪고, 일본의 명치유신을 본받아 근대적인 정치체제를 수립하기 위한 시도였다. 이러한 변법운동은 서구 근대 문명에 대한 부분적 수용이 아니라 전면적 수용을 의미하는 것이다.

위와 같이 전개된 근대 지향성의 동기는 유사했지만, 동북아시아 삼국의 서구 문명에 대한 선별적 수용 논리나 전면적인 수용의 역사적 결과는 전혀 다르게 나타났다. 1942년 남경조약 이후 중국은 반식민지로 전락하기 시작했고, 1854년 신나천조약 이후 일본은 급속하게 서구식 근대화를 모방하여 식민지의 위기를 벗어나 차츰 제국주의의 길로 향했으며, 1876년 강화도조약 이후 조선은 제국주의 국가들의 각축 속에서 식민지가 될 위기에 처했다. 동북아시아 삼국의 근대성에 미친 미국의 영향은 결코 간과할 수 없는 문제이다. 예를 들어 미국은 일본을 무력으로 개항시켰고, 반식민지인 중국의 이권을 약탈했으며, 조선과 수교를 맺은 후에는 조선에서 각종 이권을 차지했다. 그런데 동북아시아 삼국이 비슷한 시기에 서양의 근대 문화를 강요받았으면서도 서로 다른 역사적 결과가 초래된 원인은 어디에 있는가? 이 문제는 동북아시아 삼국이 자신의 근대성을 형성한 과정의 차이와 긴밀히 연관되어 있다. 서구 근대 문명의 수용 시기 동북아시아 삼국은 근대적 문명을 강제로 수용할 수밖에 없는 공통점을 지녔지만, 실제 양상은 각국이 다른 모습을 보이고 있었다. 근대 이행기 초기에 중국은 서구 근대 문명에 대해 매우 오만한 자세를 취했고, 조선은 왕조의 위기감에 쇄국정책을 택했으며, 일본은 막부시대의 쇄국정책을 왕정복고를 통해 재빨리 개방정책으로 전환하였다. 여기에 무시할 수 없는 것은 일본이 쇄국정책 속에서도 장기(長崎)에서 네덜란드와의 무역 '허용'과 네덜란드 학문인 난학(蘭學)의 '발달'을 이루었다는 점이다. 나는 이러한 제한된 무역의 '허용'과 서구 학문의 '발달'이 중국이나 조선과 달리 상대적으로 '위로부터의 근대화'를 빠르게 추진할 수 있었던 계기들 가운데 하나로 작용했다고 생각한다.

그렇다면 19세기 후반 동북아시아의 '유교적' 전통은 구체적으로 어떻게 변형되었는가? 동북아시아의 '유교적' 전통이 변형된 과정은 서양의 근대 문화의 '충격'에 대한 '대응'의 과정이기도 하다. 예를 들어 변법운동가인 강유위가 대동사상(大同思想)을 주창하고 계몽사상가인 박은식(朴殷植; 1859-1926)이 유교구신(儒敎求新)을 추구한 것이 전형적이다. 박은식은 조선의 유교가 지닌 문제를 다음과 같이 크게 세 가지로 지적한다. "하나는 유교파의 정신이 오로지 제왕의 편에 있고, 인민 사회에 보급할 정신이 부족한 것이다. 또 하나는 여러 나라를 돌면서 천하의 주의(主義)들을 강구하려 하지 않고 내가 어진이를 구하는 것이 아니라 어진이가 나를 구한다는 주의만을 지키는 것이다. 다음 하나는 우리 한국의 유가에서는 간이하고 직절(直切)한 방법을 쓰지 않고, 지리(支離)하고 한만(汗漫)한 공부만을 오로지 숭상하는 것이다."[31] 특히 세 번째에 거

---

31) 이만열 편, 『박은식』, 서울, 한길사, 1980, 147쪽.

론한 것을 보면 조선의 사상 풍토가 주자학 일색인 가운데 원래 주자학자였던 그가 주자학의 '지리'(支離)에서 양명학의 '간이'(簡易)로 방법을 바꾼 사실이 주목할 만하다. 그가 이와 같은 문제의식을 지니게 된 것은 조선이 식민지가 된 원인을 주자학에 두고 있으며, 조선시대 사문난적(斯文亂賊)이었던 양명학을 새로운 유교로 주장한 것은 그 지행합일(知行合一)이 지닌 현실적 필요 때문이다. "지행합일(知行合一)의 학설은 마음의 은미(隱微)한 곳에 대하여 성찰하는 법이 긴요하고도 절실하며, 사물을 응용하는 데 있어 과감한 힘이 활발한 것이다. 그러니 이것은 양명학파의 기절(氣節)과 사업이 특별히 나타난 공효(功效)가 실지로 많은 것이다."[32] 여기서 양명학의 효용성이란 조선을 독립시키는 실제 행위와 그 효과를 의미한다. 그런데 그가 양명학의 '지행합일'에 대해 서구 철학과 '부합'되어 그 가치가 더욱 존중된다고 주장한 것[33]은 서양 철학의 가치를 전제한 상태에서 그것과의 '부합' 여부로 양명학의 가치를 판단하는 것이다. 이러한 그의 설명 방법은 이미 조선의 '유교적' 전통이 서양철학과의 만남을 통해 급격하게 변형되고 있다는 것을 반영한다.

다른 한편 서구의 근대 종교 문화인 기독교의 '충격'에 맞서 유교를 기독교에 '대응'하는 종교로 만들려는 '공자교'(孔子敎) 운동이 존재한다. 중국 강유위의 대동사상과 공교운동(孔敎運動), 조선 이승희(李承熙; 1847-1916), 이병헌(李炳憲; 1870-1940)의 공교운동은 유교를 기독교와 같은 종교로 만들려는 노력의 일환이다. 특히 이병헌은 "1914년 이래 다섯 차례에 걸쳐 중국을 방문하여 강유위를 직접 만나고, 또한 곡부에 있는 공자 후손과 교유하면서 공교 운동을 전개하였다."[34] 그런데 1910년대 중반은 중국에서 군벌이었던 원세개(袁世凱; 1859-1916)가 황제체제를 구축하려던 반동의 시기였다. 그래서 중국이나 조선에서 전개된 '공자교' 운동은 문화적으로나 정치적으로 역사의 진보적 흐름을 가로막는 부정

---

32) 같은 책, 152쪽.
33) 같은 책, 343쪽.
34) 한국철학사상연구회, 『강좌 한국철학』, 서울, 예문서원, 263쪽.

적 역할을 한 것이다. 중국과 조선의 '유교적' 전통이 변형된 이유를 정리하면 내부적으로 평등을 지향하는 민중운동의 영향이나 유교적 지식인의 보수적 성향이 반영된 것이고, 외부적으로 제국주의 국가의 근대문화의 영향이다.

일본의 경우 '유교적' 전통은 압도적인 서구식 근대화 과정에서 지배이념으로 편입되어 새롭게 변형된다. 예컨대 1868년 명치유신 초기에 유교적 지식인들은 급속히 전개된 '위로부터의 근대화' 정책으로 상당 기간 소외된다. 그러나 그들은 1879년 당시 일본 왕을 설득하여 일본 교육에 보였던 '서양 방법의 무분별한 모방'을 비난하는 칙유를 공포하게 만들었고, 결국 1890년 유교적 전통 도덕인 충(忠)과 효(孝)를 교육칙어(敎育勅語)의 중심 주제로 만들었다.[35] 명치유신 초기에는 마치 유교의 지배 이념이 단절된 것처럼 보였다. 왜냐하면 유교는 덕천막부의 지배이념 구실을 했는데, 명치유신을 통해 막부체제가 일왕체제로 변혁되었기 때문이다. 그러나 일본에서 유교는 일왕 중심의 체제를 옹호하고 그체제를 강고하게 구축하는데 언제든지 근대적으로 변형될 수 있는 내재적 특성을 지니고 있었다. 다시 말해 일본의 '유교적' 전통은 통치자의 이익을 위해 언제든지 변형되어 사람들로 하여금 최고 통치자에게 헌신적인 충성을 다할 수 있게 만드는 지배 이념이었던 것이다.

---

35) W. G. 비즐리, 『일본근현대사』, 서울, 을유문화사, 2004, 165-166쪽.

3절 근대 민족 국가의 결핍과 과잉 문제

1. 대항적 민족 공동체

19세기 후반 동북아시아 삼국의 지식인들이 염원했던 것은 자주적인 민족 국가의 수립이었다. 중국의 경우는 반식민지로 변화하는 가운데 독립적인 국가를 수립하기 위해 오랜 기간 투쟁해야 했고, 조선의 경우도 자주 국가를 지향했지만 제국주의 국가들에 의해 국권을 침탈당하면서 식민지로 전락한 후에는 '국가 없이' 독립투쟁을 전개하게 되었다. 이에 반해 일본은 동북아시아에서 유일하게 자주적인 민족 국가를 수립했을 뿐만 아니라 더 나아가 침략적인 제국주의 국가의 길을 걷게 되었다. 이와 같이 역사적 결과가 다르게 나타난 것은 19세기 말 20세기 초의 현상이고, 19세기 중반과 후반에는 동북아시아 삼국의 지식인들이 서구 제국주의 국가들의 무력행사, 불평등조약 강요, 자본주의 상품 판매 등을 체험하면서 기존 지배체제 대신 새로운 형태의 민족 국가의 수립을 추구하는 것이 일반적 현상이었다.

그렇다면 '민족'(民族, nation)이란 무엇인가? 만약 '민족'을 혈연적 의미의 단일 종족(種族, race)이나 지역적 공동 거주집단 또는 언어 및 문화를 공유하는 집단으로 본다면, 과거 동북아시아에 수많은 민족들이 오랜 기간 존재했다고 할 수 있다. 그러나 혈연적 의미로 본다고 해도 이미 동북아시아 삼국은 수많은 피가 섞인 잡다한 종족으로 구성되어 있으며, 지역적으로도 고립 분산된 것이 근대 이전의 상황이었다. 또한 언어와 문화의 측면에서 봐도 단일한 표준어나 동일한 문화도 근대 이행기를 거치면서 인위적인 노력으로 새롭게 구성된 것이지 원래부터 단일하거나 동일했던 것은 아니다.

이런 면에서 볼 때 근대적 의미의 '민족'은 적어도 두 가지 측면을 함께 고려해야 한다. 첫째는 객관적으로 전국적인 차원의 통일된 경제생활이고, 둘째는 주관적으로 공동운명체라는 민족의식이다. 역사적으로 볼 때 서구 제국주의가 무력으로 쇄국의 문을 부수고 불평등조약을 강요하기 전에는 동북아시아 삼국에 통일된 전국적인 경제생활과 공동운명체라는 민족의식이 뚜렷한 형태로 존재하지 않았다.36) 더군다나 두 가지 측면은 모두 자본주의의 발달과 함께 이루어질 수 있다는 점에서 19세기 중·후반의 동북아시아 삼국은 '민족'이 형성되어 있지 않았다고 보는 것이 타당하다. 그래서 서구 제국주의의 '충격'에 대한 대응과정에서 근대적 의미의 '민족'이 동북아시아에 형성되기 시작했으며, 그 초기 형태는 '민족 공동체'의 형태였다가 이후 근대적 의미의 '민족주의'로 발달한 것으로 파악하는 것이 역사적 진실에 적합한 이론이다.

그런데 서구 제국주의의 '충격'에 대한 '대응' 과정에서 '민족 공동체'가 형성되었다고 해도 동북아시아 삼국이 모두 동일한 형태도 아니었고 지배질서 내에서도 그 충격을 받아들이는 태도가 다양했다는 점이 중요하다. 예컨대 중국은 1840년 아편전쟁의 '충격'을 겪었지만 곧바로 '민족 공동체' 의식이 형성되지 않았는데, 결정적인 이유는 민중의 다수가 한족(漢族)인 데 반해 청(淸)은 다른 종족인 만주족(滿洲族)의 왕조였기 때문이다. 그리고 태평천국의 농민군은 청조를 타도의 대상으로 삼았지만, 양무파의 지식인들은 여전히 청 왕조를 유지하는 차원에서 개량적 정책을 추진했던 것이다. 사실 중국의 양무파 지식인들이 중요하게 여긴 것은 서구 제국주의에 맞설 수 있는 부강한 '왕조 체제'였지, 모호한 '민

---

36) 특히 '민족의식'은 근대 사회로 이행하면서 비로소 인위적으로 조작된 허위 관념일 가능성이 높다. 왜냐하면 전근대 사회에서 다양한 계급의 사람들이 과연 동일한 '민족의식'을 형성하고 있었는지 실증하기 어렵고, 공동운명체로서 '민족'을 강조하고 '민족의식'을 형성한 것은 근대 사회에서 각종 근대적 매체들을 통해 인위적으로 구성한 전체주의적 일체화 관념이기 때문이다.

족 공동체'가 아니었다. 그런데 태평천국의 민중 봉기는 '유교적' 전통을
붕괴시켰고, 위기감에 사로잡힌 유교적 지식인들은 제국주의자들과 손을
잡고 그 민중을 대량 학살했으며, 그 유교적 지식인들 가운데서 바로 양
무파 지식인들이 등장하는 것이다. 그만큼 당시로선 양무파 지식인과 일
반 민중의 거리감은 중국과 서구의 거리감보다 훨씬 컸다고 할 수 있다.
다시 말해 양무파 지식인들은 제국주의 국가보다 민중의 봉기를 '왕조
체제'의 유지에 가장 위협적인 존재로 파악한 것이다. 이와 같이 민중
봉기를 적대적으로 파악하는 인식은 변법파 지식인들에게도 그대로 이
어진다. 양무파나 변법파 지식인들에게 '아래로부터의 체제 변혁'은 결
코 용납할 수 없는 절대적 금기사항이었던 것이다.

그러나 서구 제국주의의 침략이 연해에서 내륙 깊숙이 퍼져나가고 대
량 생산된 자본주의 상품들이 기존 자연경제를 철저히 붕괴시키자 중국
의 민중은 강렬한 배외의식을 表出하게 된다. 그것이 바로 1900년 발생
한 의화단 봉기다. 이 의화단 봉기가 서구 제국주의에 반대하는 '대항
적' 민족 공동체의 특성을 지니고 있는데, 종족적 차이에도 불구하고 청
왕조와 민중의 비밀결사가 공동 운명체임을 의식하고 서로 결합되어 이
루어진 것이기 때문이다. 그러나 제국주의 국가들의 연합군에 의해 의화
단 봉기가 실패로 끝나면서 민족 공동체의 가능성도 좌절될 수밖에 없
었다. 그리고 1905년 혁명파 손문(孫文; 1866-1925)이 이끈 중국동맹회
가 '구제달로'(驅除韃虜)를 주장했을 때,[37] 그때서야 비로소 민족적 의
미가 보다 선명하게 나타난 민족 혁명이 제시될 수 있었다.

여기서 17세기 막부체제하의 산기암재(山崎暗齋; 1618-1682)를 생각
해 볼 필요가 있다. 그는 일본의 맹목적인 주자학자인데도 중국에 대한
타자 의식과 공동체적 자각 의식이 있었다. 예를 들어 그는 아무리 숭상
하는 공자와 맹자라도 그들이 침략한다면 '적'으로 간주하여 싸운다는
타자 의식이 있었던 것이다.[38] 또한 그는 국수주의적인 수가신도(垂加神

---

37) 廣東省社會科學院歷史硏究室 合編, 『孫中山全集』卷1, 北京, 中華書局,
1981, 284쪽.

道)를 창시하여,39) 공동체적 자각 의식을 나타낸다. 비록 봉건체제라는 한계 속에서나마 그에게 중국에 대한 타자 의식과 민족 공동체적 자각 의식이 있었다는 점이 중요하다. 이후의 전체주의적 국가주의자가 그의 사례를 거론하여 일본 중심주의를 과장하는 것도 주자학자였던 그가 중국을 타자화한 것에 근거를 둔 것이다.40) 중국과 달리 일본은 근대 이행기에 다양한 종족적 차이에도 불구하고 단일한 민족국가를 수립하게 되는데, 그 과정이 결코 간단했던 것은 아니다. 막부체제 말기인 1854년 미국에 의해 강제로 불평등조약을 맺고 어쩔 수 없이 개항하게 된 일본 지배층은 '충격'에 휩싸인 채, 그 '대응'의 과정에서 분열된 봉건체제를 통일된 왕조체제로 바꾸는 명치유신을 1868년에 단행한다. 그리고 마침내 1871년 명치 정부는 막부체제의 상징이었던 번(藩)을 폐지하고 중앙 집권적인 현(縣)으로 바꾸게 된다. 이에 존왕파 지배층은 급속하게 '위로부터의 근대화'를 추진하면서 근대적 교육을 통해 민중이 일본의 '민족'이라는 동질적 의식을 갖도록 만들었다. 비교해 보면 일본은 중국이나 조선보다 일찍 '민족 국가'로 변화하기 시작한 것이다.

그런데 1866년 프랑스의 침략과 1871년 미국의 침략을 물리친 조선의 경우는 오히려 쇄국정책을 강화하였다. 그러나 그 쇄국정책은 1876년 일본의 무력에 의해 맺어진 강화도조약으로 파산하고, 조선은 강제로 개항할 수밖에 없었다. 일본이 명치유신을 통해 급속한 근대화를 추진한 지

---

38) 高橋 亨, 「王道儒道より 皇道儒道へ」, 『朝鮮』제295호, 京城(서울), 朝鮮總督府, 1939, 28쪽.

39) 永田廣志, 『日本思想史』, 東京, 法政大出版局, 1967, 83쪽.

40) 高橋 亨(1878 – 1967)의 경우가 대표적인 전체주의적 국가주의자의 전형이었다. 그는 일본 제국주의의 식민지 지배기구인 조선총독부에서 일본 중심의 황도 유교를 체계화했다. 高橋 亨의 황도 유교에 대해서는 다음을 참조할 것. 양재혁, 「황도유교비판 — 유교의 종교화에 대하여 —」, 『황도유교비판』, 서울, 비판철학회, 2004. 김원열, 「황도 유교의 사유체계와 방법론적 문제점에 대한 비판」, 『황도유교비판』, 서울, 비판철학회, 2004. 권인호, 「박종홍의 퇴계 철학 비판 — '황도 유교'와 국가주의 철학의 원류 —」, 『황도유교비판』, 서울, 비판철학회, 2004.

8년 만의 일이다. 개항 이후 사상적 측면에서 볼 때, 조선에는 척사위정
(斥邪衛正), 개화사상(開化思想) 그리고 민중사상(民衆思想)이 있었다.[41]
그런데 척사위정파는 제국주의 침략에 대해 '의병'(義兵) 운동을 전개하
지만, 기본적으로 '유교적' 전통 가운데 '소중화주의'(小中華主義)에 입
각해 있었기 때문에 중국 중심주의를 벗어나지 못했으며 상대적으로 '민
족 공동체'적 의식이 약했다. 그리고 개화파는 각종 근대화를 추진한 주
체였으면서도 자신의 계급적 기반이 매우 취약했기 때문에 외세 특히
일본 제국주의에 의존적이었다. 개화파가 일본 제국주의의 요구에 맞추
어 근대화를 추진했던 사실 때문에 '민족 공동체' 의식과는 단절되는 결
과를 초래했다. 이것들과는 대조적으로 조선의 민중사상에는 일본 제국
주의와의 대결 과정에서 '민족 공동체' 의식이 나타난다. 예를 들어 갑
오농민전쟁 당시 농민군의 대표적인 구호는 '척왜'(斥倭)였으며, 다음의
글 속에서 보다 분명하게 '민족 공동체' 의식을 확인할 수 있다. "이제
우리 동도(東徒)가 의병을 들어 왜적을 소멸하고 개화를 제어하며 조정
을 청평하고 사직을 안보할세 매양 의병 이르는 곳의 병정과 군교가 의
리를 생각지 아니하고 나와 접전하매 비록 승패는 없으나 인명이 피차
에 상하니 어찌 불쌍치 아니하리오."[42] 여기에는 감성적 차원의 '민족
공동체'라는 의식이 바탕에 깔려 있는 것이다. 그러나 동학농민군이 그
이상의 '민족 국가' 구상을 구체적으로 지니지 못했고, 조선의 왕조 체
제를 근본적으로 부정하여 공화 체제를 실현하려던 것은 아니었다. 그리
고 결정적으로 동학농민군이 관군과 일본군에 몰살을 당함으로써 그 '민

---

41) 각각의 사상에 대해서는 다음의 논문을 참조할 것. 권인호, 「한국 '근대 철
학', 왜 그리고 어떻게 할 것인가」, 『시대와 철학』제10호, 서울, 동녘, 1995
봄. 홍원식, 「주자학적 세계관의 선택―척사 위정파의 사상과 운동―」, 『
시대와 철학』제10호, 서울, 동녘, 1995 봄. 이종란, 「근대로 나아가는 철학
의 길―개화 운동의 철학 사상」, 『시대와 철학』제10호, 서울, 동녘, 1995
봄. 박경환, 「민중의 철학 사상과 실천―전통 철학 계승과 극복으로서의
동학 사상―」, 『시대와 철학』제10호, 서울, 동녘, 1995 봄.
42) 이이화, 「농민군 문서 모음」, 『발굴 동학농민전쟁 인물열전』, 서울, 한겨레
신문사, 1994, 312쪽.

족 공동체'마저도 구체화될 계기를 상실하게 된다.

2. 민족 국가 형성을 향한 의지

사상사적으로 서구 근대 문명의 수용 과정에서 가장 중요하게 대두된 것은 '사회진화론'이다. 동북아시아의 지식인들은 서구의 '사회진화론'을 수용 / 변형하면서 서로 영향을 주고받게 된다. 예를 들어 동북아시아의 지식인들은 사회진화론의 '우승열패'(優勝劣敗)나 '적자생존'(適者生存) 등을 매개로 비로소 '국가'와 '국민' 그리고 '민족'에 대한 자각에 도달하게 된다. 그리고 그 지식인들은 사회진화론을 통해 서로에게 영향을 미치면서 동북아시아의 거대한 사상 지형을 형성하게 되는 것이다.

1898년 계몽사상가 엄복(嚴復; 1853‒1921)은 최초로 서양의 근대 철학인 사회진화론을 『천연론(天演論)』이란 이름으로 번역하여 중국인들에게 소개한다.[43] 그의 현실 인식은 진화론적 논리를 전제하고 있어서, 현실의 모습을 "약한 것은 항상 강한 것의 먹이가 되고, 어리석은 것은 항상 영리한 것을 위해 일하게 된다."[44]고 파악한다. 사회진화론에 입각한 그의 현실 설명은 적어도 당시 중국 지식인들에게 제국주의의 침략에

---

43) 또한 엄복은 그 이전부터 「세상의 급격한 변화를 논함」(論世變之極), 「부강의 근원에 대한 글」(原强), 「멸망을 구제하기 위한 논의」(求亡決論), 「한유에 대한 비판」(辟韓)과 같은 글들을 쓴다. 그 계기가 된 것이 바로 청일전쟁에서 중국이 패한 엄청난 충격이었다. 왜냐하면 중국 지식인들은 일본을 중국의 조공국들 가운데 하나라고 여겼는데, 청일전쟁에서 그 조공국 일본에게 패배한 것은 커다란 충격일 수밖에 없기 때문이다. 그 패배 이후 중국 지식인들은 그동안 추진했던 양무파의 자강운동을 비판적으로 볼 수 있게 되었다.
44) 嚴復, 「原强」, 『中國文化精華全集』哲學 卷3, 北京, 中國國際廣播出版社, 1992, 971쪽.

속수무책인 중국의 열악한 상황을 현상적으로 잘 설명해 주는 것처럼
보였다. 또한 그는 서구 제국주의 국가의 국민과 비교하여 가장 큰 문제
로 '민'(民)의 '어리석음'으로 파악하여, "가장 시급한 것은 어리석음을
극복하는 것이다. 왜 그런가? 왜냐하면 우리를 가난하고 약하게 만들었
으면서도 스스로 그 사실을 모르니, 어리석기 때문이다."45)라고 말한다.
그래서 그 대안으로 '민'의 '어리석음'을 극복하여 가난과 약함을 벗어
나기 위한 방안으로 중국과 서양의 지식, 과거의 지식과 새로운 지식을
가리지 않는다.46) 그가 '민'을 강조한다고 해서 공화정의 입장에서 '민
족'이나 '국민'을 강조했던 것은 아니다. 오히려 그는 황제의 지배체제를
옹호하여 황제복벽운동에도 관여하게 된다.47) 따라서 엄복의 '민'은 전
통적 관념을 완전히 벗어난 것이 아니다.

　엄복이 군주제에서 벗어나지 못했다면 손문(孫文; 1866－1925)은 분명
하게 공화제를 추구한 혁명가였다. 그래서 그는 '창립민국'(創立民國)을
주창했던 것이다.48) 또한 그의 '민국'은 '민족주의'를 바탕으로 한 '국민
국가'의 특징을 지니고 있었기에, 군주제에 대해 철저히 비판할 수 있었
다. 예컨대 그는 혁명(革命)과 보황(保皇)을 서로 용납할 수 없는 적대
적 관계로 파악한다.49) 그리고 그는 '삼민주의'(三民主義) 사상에서 제
국주의 국가들의 세계주의에 맞서는 '민족주의'(民族主義)를 강조하는데,
그 민족주의는 민권주의(民權主義) 및 민생주의(民生主義)와 함께 기본
적으로 근대 민족국가를 수립하기 위한 근대화(近代化) 사상이다.50) 또

---

45) 嚴復, 「與外交報主人論教育書」, 『中國文化精華全集』哲學 卷3, 北京, 中國
　　國際廣播出版社, 1992, 999－1000쪽.
46) 같은 책, 1000쪽.
47) 다음을 참조할 것. Benjamine I. Schwartz, *In Search of Wealth and Power －
　　Yen Fu and the West*, Cambridge, Harvard University Press, 1964, 225쪽.
48) 廣東省社會科學院歷史研究室 合編, 『孫中山全集』卷1, 北京, 中華書局, 1981,
　　284쪽.
49) 같은 책, 231쪽.
50) 劉學照, 「論孫中山的近代化思想」, 『孫中山與現代文明』, 蘇州, 蘇州大學出
　　版社, 1997, 171－185쪽.

한 그의 사상이 기초하고 있는 것은 바로 사회진화론이고,51) 그의 목표
는 제국주의에 맞설 수 있는 부강한 '국민 국가'였다. 이로써 반식민지
상태의 중국은 비로소 명확하게 제국주의에 대항하는 '국민 국가'를 추
구할 수 있게 되었다.

조선의 지식인들도 사회진화론의 영향을 크게 받았다. 그 지식인들 가
운데 가장 '민족'의 이익을 추구한 지식인은 신채호였다. 그는 사회진화
론적 입장에서 다음과 같이 '민족주의'를 설명하고 있다. "그 경쟁이 더
욱 많으며 그 경쟁이 더욱 처참하여, 이긴 자는 세력을 더욱 떨치고 패
한 자는 쇠망에 영원히 떨어지니, ……(중략)…… 어느 민족이 어느 민족
을 정복하든지 우수한 자는 이기고 못난 자는 패한다는 활극이 참혹하
고 괴이하기 짝이 없으니 아, 이 시대의 민족주의여, 어찌 이 지경에 이
르렀는가."52) 여기서 알 수 있듯이 그는 사회진화론의 창을 통해 세계를
응시하며 민족주의를 강조하는데 그 민족주의는 침략적 민족주의가 아
니라 대항적 민족주의였던 것이다. 또한 그는 민족주의에 기반을 두어
'새로운 국민'을 강조하며 "어째서 국가정신이 없으며 어째서 국민능력
이 없는가 하면 새 국민이 아닌 까닭이며, 어째서 나라를 팔아먹는 사람
이 있으며 어째서 백성을 팔아먹는 사람이 나오는가 하면 새 국민이 아
닌 까닭이니, 그러므로 국민 동포가 20세기의 새 국민이 되지 아니하면
안 된다는 것이다."53)라고 역설한다. 그러나 조선이 완전한 식민지가 됨
으로써 그의 '새로운 국민'이라는 희망은 좌절되고 말았다.

일본의 경우 명치유신 초기에는 서구 제국주의에 대항하는 '민족 국
가'를 추구했다. 복택유길(福澤諭吉)의 초기 사상에서 이러한 대항적 민
족주의가 잘 드러난다. "만일 국가가 치욕을 강요당하는 비상시라면 일
본의 모든 국민들은 목숨을 던져서 나라의 명예를 온전하게 해야만, 나

---

51) 北京大學哲學系中國哲學史敎硏室 選注, 『中國哲學史敎學資料選集』下, 北
京, 中華書局, 1982, 571-572쪽.
52) 안병직 편, 『신채호』, 서울, 한길사, 1979, 137-138쪽.
53) 같은 책, 136쪽.

라의 자유와 독립이 가능해지는 것이다."54) 당시 근대화 개혁인 명치유신이 전개되었지만 언제 서구 제국주의 국가의 식민지로 전락할지 알 수 없을 만큼 일본은 매우 어려운 상황에 처해 있었다. 이런 상황에서 그는 저항적 민족주의에 바탕을 둔 독립 의지를 강조한 것이다. 그런데 그가 설정한 문명개화(文明開化), 반개화(半開), 야만(野蠻)의 단계는 '인류가 거쳐 가게 되어 있는 것'55)으로 그 바탕에는 사회진화론의 논리가 깔려 있다. 그리고 그가 인식하는 국제 사회는 "평상시에는 물건을 매매하여 서로 이익을 다투고 유사시에는 무기를 들어 서로 죽이는 것이다."56) 이와 같이 살벌한 약육강식의 사회에서 "일본에는 정부가 있을 뿐 국민(네이션)이 없다."57)는 것이 그의 문제의식이고, 필연적으로 서구 제국주의에 대항할 수 있는 '국민 국가', 일본의 독립에 헌신하는 '국민'을 만드는 것이 그의 과제인 것이다.

3. 침략적 민족주의의 문제

중국의 반식민지화와 조선의 식민지화의 문제는 일본 제국주의의 팽창과 불가분의 관계가 있다. 중국과 조선의 민족주의가 대항적 민족주의였다면 일본의 민족주의는 서구 제국주의에 대한 대항적 민족주의에서 빠른 속도로 침략적 민족주의, 즉 제국주의로 전환되었다. 1895년 청일전쟁에서 승리한 일본은 조선에서 중국 세력을 몰아내고 독점적인 지배의 토대를 구축하였다. 청일전쟁의 결과는 동북아시아의 판도를 뒤바꾼

---

54) 福澤諭吉, 『학문을 권함』, 엄창준·김경신 역, 서울, 지안사, 1993, 137-138쪽.
55) 福澤諭吉, 『文明論의 槪略』(1875), 정명환 역, 서울, 홍성사, 1986, 20쪽.
56) 같은 책, 178쪽.
57) 같은 책, 220쪽.

일이었다. 승리한 일본은 침략적 민족주의인 제국주의를 강화했고, 패배한 중국은 저항적 민족주의를 강화하려고 명치유신을 모방한 변법운동을 전개하였다. 청일전쟁 후 조선은 갑오농민전쟁의 패배를 통해 민중 역량을 상실한 채 일본 제국주의의 침략 정책 아래 놓이게 되었다.

문명의 예찬자이자 근대주의자인 복택유길(福澤諭吉)이 1895년 청일전쟁에서 일본이 승리하자 침략적 민족주의, 즉 제국주의를 찬양한 것은 그 대표적인 사례다. "특히 작년부터[1894년 재인용자 주] 벌어진 대전쟁에서 나라의 빛을 전 세계에 발휘하여 대일본 제국의 무게를 실증한 것은, 어떠한 양학자도 30, 40년 전에는 상상도 할 수 없었던 일이다 ······(중략)······. 오늘날 그것이 실현되어 우리의 눈앞에서 그 경사를 보게 되었다니 불가사의의 행복이며 전후의 일을 생각하면 황홀한 꿈과 같고 감격한 나머지 혼자 울 수밖에는 없다."[58] 이와 같이 근대주의자인 그가 제국주의를 찬미하며 감격의 눈물을 흘리는 것이 겉으로 보면 쉽게 이해하기 어렵지만, 사실은 그의 사회진화론적 문명론에는 이미 제국주의로 향할 수 있는 맹아가 발견된다. 예컨대 일찍이 그는 문명을 언급하면서 다음과 같이 이야기한 적이 있다. "사람을 죽이고 이익을 다투는 것은 종교의 가르침을 더럽히는 것이며 종교의 적이라는 비난을 면하기 어려운 것이기는 하나, 오늘날의 문명의 상황에서는 불가피한 대세이다. 전쟁은 독립국의 권익을 신장시키는 방법이며 무역은 나라를 빛내는 징후라고 말하지 않을 수 없는 것이다."[59] 이와 같이 '사람을 죽이고 이익을 다투는 것'을 현대 문명에서 '불가피한 대세'로 파악한 그가 제국주의 전쟁 자체를 비판하지 못하고 누구라도 '힘만 있다면' 전쟁을 통해 이익을 추구할 수 있다는 식으로 생각한 것은 바로 사회진화론의 '우승열패'(優勝劣敗)의 세계관을 바탕으로 한 것이다. 그래서 '반개(半開)의 나라인 일본'[60]이 아시아를 벗어나 '서양의 문명'을 목표로 설정했던 '탈

---

58) 같은 책, 255쪽, 재인용.
59) 같은 책, 220쪽.
60) 같은 책, 20쪽.

아입구'(脫亞入歐)의 주창자인 그로서는 1894년 청일전쟁의 승리를 일본이 드디어 제국주의 대열에 들어선 상징적인 사건으로 받아들일 수밖에 없었던 것이다.

동북아시아의 평화적 공존을 불가능하게 만든 가장 중요한 원인은 바로 일본 국가주의자들에 의한 제국주의, 즉 침략적 민족주의 때문이다. 그리고 적어도 1894－1895년에 중국과 일본이 조선에서 전쟁을 전개한 점에서 반식민지 상태의 중국이 과거의 패권주의를 포기하지 않은 것도 일본과 함께 조선의 자주적 민족 국가의 수립을 방해했다는 역사적 사실로부터 자유로울 수 없다. 그런데 대항적 민족주의는 논리적으로나 현실적으로 정당성을 획득할 수 있지만, 침략적 민족주의는 결코 옹호될 수 없는 근본적인 문제가 있다. 왜냐하면 저항적 민족주의는 약소민족이 택할 수 있는 최소한의 생존 전략이지만, 침략적 민족주의는 타민족을 억압하고 착취하여 자신의 문제를 해결하려는 것이기 때문이다. 특히 사회진화론에 바탕을 둔 침략적 민족주의는 자본주의 체제에서 발생하는 제국주의적 식민지 지배나 민족 및 인종 전쟁을 옹호하거나 합리화하기 쉽다는 점에서 문제의 심각성이 있다.

오늘날 동북아시아는 아직도 민족 문제가 해결되지 않고 있는 상황이다. 예를 들어 중국은 중화인민공화국과 중화민국으로 분열되어 있으며, 한반도는 대한민국과 조선민주주의인민공화국으로 분단되어 있다. 이와 같이 같은 민족이 분열된 것은 가깝게는 냉전의 결과물이지만 보다 근본적으로는 근대 이행기 시작된 제국주의 국가들의 이해관계가 오늘날까지도 반영되었기 때문이다. 이 ‘민족’ 문제들은 전쟁이 아닌 평화적 방법으로 해결되어야 한다. 왜냐하면 동북아시아에서 전쟁이 발발할 경우 그것은 심각한 공멸을 초래할 것이기 때문이다. 동북아시아의 평화적 공존을 위해서 우리에게는 대립과 전쟁 가능성을 줄이는 진정한 평화의 지혜가 필요하다. 그리고 동북아시아의 새로운 평화 공존의 미래상을 적극적으로 만들어나갈 필요가 있다. 여기에는 과거 ‘민족’ 문제에 대한 철학적 청산 작업이 필수적으로 전제되어야 한다. 그 과정을 통해 동북아시아에서 다시는 침략적 민족주의가 되풀이되지 않도록 힘을 모아야한다. 자본주의의 전일화 경향인 세계화 속에서도 다양한 민족들이 평화롭게 공존할 수 있는 길을 구체적으로 모색하는 평화적 연대는 동북아시아의 민중과 민중적 지식인들에게 중요한 시대적 과제다.

4절 글을 맺으며

　지금까지의 내용을 요약하면 다음과 같다. 먼저 동북아시아의 유교적 '전통'과 서구 자본주의적 '근대'의 만남은 무력적 '충돌'로 인하여 근대성의 문제가 동북아시아 지식인들에게 전면적으로 제기되었다. 이 동북아시아의 유교적 전통은 서구 자본주의의 문명적 우세에 의해 변형될 수밖에 없었으며, 그 과정에서 동북아시아의 지식인들은 유교적 가치를 유지하면서도 근대적 문명을 선별적으로 수용하려는 절충주의적 논리를 형성하게 된다. 그러나 그러한 절충주의는 불가피한 선택이면서도 정신과 물질의 이분법이라는 근본적 한계로 인해 실패할 수밖에 없었으며, 새로운 단계인 변법으로 자주적인 민족 국가의 수립을 목표로 새로운 정치체제를 모색하게 된다. 이 과정에서 동북아시아 지식인들의 사상 형성에 커다란 영향을 미쳤던 서구의 '사회진화론'은 각국의 구체적 현실 속에서 지식인들 사이에 상호 영향을 미치면서 주로 전체주의적인 민족 국가를 수립하기 위한 도구로 변형된다. 그런데 '전통과 근대'의 맥락에서 이 '사회진화론'은 '유교적' 전통을 비판할 수 있는 이론적 근거를 제공하기도 했다. '사회진화론'에 입각할 경우 근대 이행기 동북아시아의 제반 문제를 타개하는 데 부정적 역할을 하는 '유교적' 전통을 철저하게 비판할 수 있는 이론적 근거가 마련되는 것이다. 그러나 기본적으로 '사회진화론'은 '약육강식'의 논리로 자본주의의 무한경쟁과 착취 체제를 옹호하는 제국주의의 이론으로 악용되곤 한다.

내부적으로 동북아시아를 살펴볼 때, 중국과 조선은 대규모 민중운동에 의한 '아래로부터의 근대화'인 '평등 지향성'은 유교적 신분질서의 전통을 크게 동요시켰고, 일본은 상대적으로 취약한 유교적 전통하에 왕정체제를 구축하고 급속하게 '위로부터의 근대화'를 추진하여 자주적인 민족 국가에 이르렀다. 이러한 근대화 과정은 '유교적' 전통이 무거울수록 자국의 근대성 형성의 발걸음은 더딜 수밖에 없다는 것을 입증한다. 다시 말해 '유교적' 전통이 가벼울수록 자국의 근대성 형성은 좀 더 빠르게 진행될 수 있는 것이다. 그러나 일본은 제국주의에 대항하는 자주적인 민족 국가에 머문 것이 아니라, 국가주의자들에 의해 침략적인 민족주의를 바탕으로 제국주의 국가로 변모된다. 역사적으로 볼 때 일본 제국주의는 경제력과 군사력을 앞세워 조선을 식민지로 만들고, 중국의 반식민지 상태를 심화시켜 동북아시아의 근대적 발전을 심하게 왜곡시킨 일차적 책임이 있는 것이다. 특히 철저한 반성의 계기를 결여한 일본 우익의 침략적인 민족주의의 문제는 각국의 민족 국가의 한계를 뛰어넘는 진정한 의미의 지역 통합체의 가능성을 원천적으로 가로막고 있는 것이다.

동북아시아가 공동으로 번영하기 위한 전제 조건으로 이 지역에 '평화'가 정착해야 한다는 점에 대해서 이의를 제기할 사람은 없을 것이다. 문제는 그 '평화'를 누가 어떻게 실현시킬 수 있는가이다. 현재까지 남아 있는 동북아시아의 '민족' 문제를 평화적으로 해결하기 위해서는 다음과 같은 구체적인 노력이 필요하다고 생각한다. 첫째, 동북아시아의 민중과 민중적 지식인들이 '평화' 문제에 대한 의식을 공유하기 위한 항시적인 의사소통의 공간을 만들어야 한다. 처음부터 거창한 조직을 갖춘 기구가 아니라 공동의 담론장인 (가칭) '평화를 위한 동북아시아 민중

연대'와 같은 인터넷상의 공간을 만드는 작지만 구체적인 실천이 이루어져야 한다. 둘째, '전쟁'에 반대하고 '평화'를 위한 공동의 지적 작업이 필요하다. 예를 들어 동북아시아의 민중적 지식인들이 '민족', '국가', '지역공동체', '세계화', '신자유주의' 등에 대해 공동으로 연구하고 함께 토론하여 '평화' 체제의 구축을 위한 이론을 함께 만들어가는 것이 바람직하다. 셋째, 동북아시아의 '평화'를 해칠 수 있는 침략적 문제에 대해 철저히 비판하고, 국민 국가의 공간적 한계를 뛰어넘는 새로운 해결책을 적극적으로 모색하는 실천적 연대가 절실히 필요하다.

참고문헌

康有爲, 「孔子改制考敍」, 『中國文化精華全集』哲學 卷3, 北京, 中國國際廣播
    出版社, 1992.

高橋 亨, 「王道儒道より 皇道儒道へ」, 『朝鮮』제295호, 京城(서울), 朝鮮總督
    府, 1939.

廣東省社會科學院歷史研究室 合編, 『孫中山全集』卷1, 北京, 中華書局, 1981.

권인호, 「한국 '근대 철학', 왜 그리고 어떻게 할 것인가」, 『시대와 철학』제10
    호, 서울, 동녘, 1995 봄.

권인호, 「박종홍의 퇴계 철학 비판 ― '황도 유교'와 국가주의 철학의 원류 ―」,
    『황도유교비판』, 서울, 비판철학회, 2004.

김원열, 「황도 유교의 사유체계와 방법론적 문제점에 대한 비판」, 『황도유교비
    판』, 서울, 비판철학회, 2004.

동학연구원 편, 『용담유사』, 서울, 자농, 1991.

박경환, 「민중의 철학 사상과 실천 ― 전통 철학 계승과 극복으로서의 동학 사상 ―」,
    『시대와 철학』제10호, 서울, 동녘, 1995 봄.

福澤諭吉, 『文明論의 槪略』(1875), 정명환 역, 서울, 홍성사, 1986.

福澤諭吉, 『학문을 권함』, 엄창준·김경신 역, 서울, 지안사, 1993.

北京大學哲學系中國哲學史敎硏室 選注, 『中國哲學史敎學資料選集』下, 北京,
    中華書局, 1982.

松島隆裕 외, 『동아시아사상사』, 조성을 옮김, 서울, 한울출판사, 1991.

안병직 편, 『신채호』, 서울, 한길사, 1979.

단재신채호선생 기념사업회, 『단재신채호전집』, 서울, 형설출판사, 1995-1998.

양재혁, 「황도유교비판 ― 유교의 종교화에 대하여 ―」, 『황도유교비판』, 서울,
    비판철학회, 2004.

嚴復, 「與外交報主人論敎育書」, 『中國文化精華全集』哲學 卷3, 北京, 中國國
    際廣播出版社, 1992.

嚴復, 「原强」, 『中國文化精華全集』哲學 卷3, 北京, 中國國際廣播出版社, 1992.

永田廣志, 『日本思想史』, 東京, 法政大出版局, 1967.

劉學照,「論孫中山的近代化思想」,『孫中山與現代文明』, 蘇州, 蘇州大學出版社, 1997.

이만열 편,『박은식』, 서울, 한길사, 1980.

이이화,「농민군 문서 모음」,『발굴 동학농민전쟁 인물열전』, 서울, 한겨레신문사, 1994.

이종란,「근대로 나아가는 철학의 길 ― 개화 운동의 철학 사상」,『시대와 철학』제10호, 서울, 동녘, 1995 봄.

張之洞,「勸學篇」,『中國文化精華全集』哲學 卷3, 北京, 中國國際廣播出版社, 1992.

鄒容,「革命軍」,『中國變革文化名著』, 延吉, 延邊大出版社, 1995.

한국철학사상연구회,『강좌 한국철학』, 서울, 예문서원, 1995.

한국철학사연구회,『한국철학사상사』, 서울, 한울아카데미, 1997.

홉스 보옴 · 랑거 편,『전통의 날조와 창조』, 최석영 역, 서울, 서경문화사, 1995.

洪秀全,「天朝田畝制度」,『中國變革文化名著』, 延吉, 延邊大出版社, 1995.

홍원식,「주자학적 세계관의 선택 ― 척사 위정파의 사상과 운동 ―」,『시대와 철학』제10호, 서울, 동녘, 1995 봄.

丸山眞男,『日本政治思想史研究』(1952), 김석근 역, 서울, 통나무, 1995.

侯外廬 主編,『中國思想史綱』下冊, 北京, 中國靑年出版社, 1981.

Benjamine I. Schwartz, In Search of Wealth and Power ― Yen Fu and the West, Cambridge, Harvard University Press, 1964.

Edward W. Said,『오리엔탈리즘』, 박홍규 역, 서울, 교보문고, 1991.

Joseph R. Levenson, Confucian China and Its Mordern Fate Ⅱ, Berkeley, Univerty of California Press, 1966.

W. G. 비즐리,『일본근현대사』, 서울, 을유문화사, 2004.

Abstract

A Critical Study on the Modernity of the North－Eastern Asia in the early Modern times

―As the Center of the National Problem in the 'Tradition and Modernity' ―

Kim, Won－Yeol

This thesis is written for the purpose of analyzing on the Modernity Concept of the North－Eastern Asia(Korea, China, Japan) in the early Modern times. In particular it has been an epoch of changes in the 'Tradition and Modernity' for 80years since 1840s. For example after the Opium War it was an important problem to think 'the national concept' in the 'Tradition and Modernity.'

However what is the 'Tradition' and the 'Modernity'? The thinking 'Tradition' is not the singular concept but the plural concept, because there were Confucianism(儒敎), Buddhism(佛敎), Taoism(道敎), Donghak (東學), Shinto(神道) etc. in the North－Eastern Asia. In this thesis I deal with the 'Tradition' as 'the Confucianism' of the North－Eastern Asia. By the way, "What is the Modernity?" This is a very complicated question. The reason is that it has multiple meanings. For instance the people understood differently the Modernity as the capitalism, the equality, the freedom etc. Therefore I deal with the 'Modernity' as 'the Multitude.'

Most of intellectuals couldn't thoroughly criticized the confucian tradition in the North－Eastern Asia, because it already was the absolute ideology in their mind. On the contrary some intellectuals criticized the confucian tradition. For example Sin Chae Ho(申采浩; 1880－1936) thoroughly criticized the Confucianism in Korea. He was influenced by the Social Darwinism. But it was Minjung(民衆) that broke down the tradition of confucian society. There are the Movements of Minjung in the North－Eastern Asia. They were Taiping(太平, China), Donghak(東學, korea), Itki(一揆, Japan) by Minjung.

In this thesis the 'Nation' is a very important concept, because it is the source of resistant power against to the Western Imperialism. It is made up two elements. One is an economic element, the other is a subjective element. That is, it is formed in the early modern times. And the Nationalism divided to two types. They are a resistant nationalism and an aggressive nationalism. The beginning of the modernization, the North－Eastern Asian people built the resistance nationalism against to the Western Imperialism. But the effect differed from country to country. For instance Korea became a colony, China became a semi－colony, but Japan became an imperial country. In the end the resistant nationalism of Japan turned to the aggressive nationalism. It was Japan that broke the peace to pieces.

In the conclusion of this thesis. I summarize the main subjects from 2nd chapter to 3rd chapter. Traditionally Baixing(百姓) is not the subject but the object in the chinese government. But now Minjung is not only the object but also the subject. And Particular I have proposals to make to this international meeting. For the peace of the North－Eastern Asia, let's make the network on the internet－(tentatively name) 'Engagement of Minjung for the peace of the North－Eastern Asia', And let's study national problems. Finally let's strengthen practical engagement over the limits of a national country for the peace.

Subject Sphere: *Asian Philosophy, Philosophy of the North −Eastern Asia, Korean Philosophy, Social Philosophy, Cultural Philosophy.*

Key Words: *Modernity, Tradition, Nation, Nationalism, Imperialism.*

제2장

황도(皇道) 유교(儒教)의 사유체계와
방법론적 문제점에 대한 비판

— 관념적 사유체계와 형이상학적 방법을 중심으로 —

제 2 장

황도(皇道) 유교(儒敎)의 사유체계와
방법론적 문제점에 대한 비판[61]

― 관념적 사유체계와 형이상학적 방법을 중심으로 ―

---

61) 논문 출처: 김원열, 「황도 유교의 사유체계와 방법론적 문제점에 대한 비판」,
    『황도 유교 비판』, 비판철학회 제2회 학술발표회 자료집, 비판철학회, 2005,
    14-33쪽.

1절 글을 시작하며

이 연구의 목적은 다카하시 도루(高橋 亨; 1878-1967)가 수립한 황도 유교의 사유체계와 방법론적 특징을 체계적으로 규명하고, 황도 유교의 후예들이 그 관념적인 사유체계와 형이상학적 방법을 그대로 답습하고 있는 문제점을 철저하게 비판하기 위한 것이다.

다카하시 도루의 황도 유교란 무엇인가? 그리고 철학적 성찰의 대상으로 삼아야 할 수많은 사회적 / 민족적 문제들이 심각하게 잠재되어 있는 현 상황에서 다카하시의 황도 유교를 연구의 대상으로 삼는 것은 어떤 의미가 있는가? 만약 다카하시의 황도 유교의 세계관과 방법론이 현재 한국 철학계에서 더 이상 존재하지 않는다면 기껏해야 이 연구는 일제 시기 황도 유교에 관한 역사적 고찰에 머무는 것이 아닌가? 이와 같은 문제의식을 바탕으로, 나는 황도 유교의 실체를 분명히 입증하고, 그 현재적 문제점을 적극적으로 비판하고자 한다.

그동안 다카하시 도루의 학문 방법에 대한 연구는 부분적으로 진행되었다가,[62] 다카하시의 저술이 소장 학자들에 의해 일부 번역되었고,[63]

---

62) 윤사순, 「고교 형의 한국유학관 검토」, 『한국학』제12집, 서울, 중앙대학교 한국학연구소, 1976, 17-24쪽. 윤사순, 「한국사상사에 있어서의 일제 잔재」, 『한국에서 철학하는 자세들』, 서울, 집문당, 1976, 125-139쪽. 이기동, 「'이조 유학사에 있어서의 주리파, 주기파의 발달'에 대한 분석」, 『동양철학연구』제12집, 서울, 동양철학연구회, 1991, 3-11쪽. 이동희, 이기동, 「조선조 주자학사에 있어서의 주리·주기 용어 사용의 문제점에 대하여」, 『동양철학연구』제12집, 서울, 동양철학연구회, 1991, 13-43쪽.

63) 다카하시 도루, 『다카하시 도루의 조선유학사』, 이형성 역, 서울, 예문서원, 2001. 다카하시 도오루, 『조선의 유학』, 조남호 역, 서울, 소나무, 1999.

이 번역과 더불어 그의 생애와 학문방법론에 대한 논의도 부분적으로 전개되기 시작했다.[64] 기존 선행연구들을 분석해 보면, 다음과 같은 공통된 결론을 확인할 수 있다. 첫째, 다카하시 도루는 식민사관에 입각한 어용학자다.[65] 둘째, 그가 조선유학사의 흐름을 主理 / 主氣로 분류한 분석 방법은 타당하지 않다.[66] 그런데 다카하시 도루에 대한 선행연구들의 한계는 바로 위의 결론에서 맴돌고 있을 뿐 방법론적 차원에서 더 이상 체계적인 구체적 논의를 발전시키지 못하고 있다는 점이다. 예를 들어 선행연구들은 다카하시에 대해 비판하면서도 그의 철학적 방법에서 중심을 차지하고 있는 황도 유교에 대해서는 엄밀한 개념 규정조차 시도하지 못하고 있다.[67] 또한 선행연구들은 다카하시의 황도 유교가 현재 한국 철학에서 답습되고 있는 문제를 전면적으로 다루고 있지 못하다.[68]

---

64) 조남호, 「역주자 해설」, 『조선의 유학』, 서울, 소나무, 1999, 5 – 21쪽. 이형성, 「다카하시 도루의 조선 유학사 연구의 영향과 그 극복」, 『다카하시 도루의 조선유학사』, 서울, 예문서원, 2001, 363 – 399쪽. 최영성, 「다카하시 도루의 한국 유학관 연구」, 『다카하시 도루의 조선유학사』, 서울, 예문서원, 2001, 13 – 37쪽.

65) 윤사순은 다카하시를 '어용 관학자'로 비평하고, 조남호는 그를 '악질적인 식민지 관료이자 교수'로 비판하며, 최영성은 그를 '어용학자'라고 평가한다. 각각의 평가에 대해서는 다음을 참조할 것. 윤사순, 「한국사상사에 있어서의 일제 잔재」, 『한국에서 철학하는 자세들』, 서울, 집문당, 1976, 126쪽. 조남호, 「역주자 해설」, 『조선의 유학』, 서울, 소나무, 1999, 7쪽. 최영성, 「다카하시 도루의 한국 유학관 연구」, 『다카하시 도루의 조선유학사』, 서울, 예문서원, 2001, 18쪽.

66) 앞에서 제시한 기존의 선행 연구들은 대부분 다카하시 도루의 주리 / 주기 분류가 조선의 유학 사상을 왜곡한 것으로 파악하고 있다. 선행 연구들 가운데 이 주리 / 주기의 문제를 본격적으로 다룬 것은 이형성의 논문이다. 다음을 참조할 것. 이형성, 「다카하시 도루의 조선 유학사 연구의 영향과 그 극복」, 『다카하시 도루의 조선유학사』, 서울, 예문서원, 2001, 365 – 379쪽.

67) 다카하시 도루의 철학 방법을 비판적으로 검토하기 위해서는 반드시 그의 황도 유교를 다루어야 하는데, 선행연구들은 이 점을 간과하고 있는 것이다. 예를 들어 다카하시 도루의 황도 유교를 다루기 위해서는 적어도 다음과 같은 논문의 내용을 구체적으로 분석해야 한다. 高橋 亨, 「王道儒道より 皇道儒道へ」, 『朝鮮』第295호, 京城(서울), 朝鮮總督府, 1939.

68) 이러한 현상에는 기존의 동양철학자들이 대부분 현실 문제를 외면하는 일반적 경향에도 그 원인이 있지만, 근본적으로는 직간접적인 봉건적 사제관

이러한 선행연구들의 한계를 극복하기 위해 조선유교사에 대한 다카하시 도루의 분석은 皇道 儒教의 방법을 바탕으로 한 것이라는 점을 황도 유교에 대한 개념 규정과 함께 구체적으로 논증할 것이다. 그리고 그의 황도 유교의 체계와 방법이 관념적이고 형이상학적인 문제와 긴밀히 연관된 점을 다룰 예정이다. 이러한 논증의 과정에서 무엇보다 황도 유교에 대한 엄밀한 개념 규정과 비판적 평가가 이루어질 것이다. 또한 황도 유교의 문제가 단지 다카하시에 국한된 것이 아니라 해방 이후에도 황도 유교의 후예들 가운데 특히 박종홍(朴鍾鴻; 1903－1976)과 유승국(柳承國; 1923－)의 철학에서 전형적으로 되풀이되고 있는 황도 유교의 방법적 문제점을 규명할 것이다. 이런 점에서 무엇보다 먼저 다루어야 하는 것은 다카하시 도루의 '황도 유교'에 대한 개념 규정이다.

2절 다카하시 도루의 황도 유교란 무엇인가?

"皇道 儒教는 무엇인가?" 皇道 儒教라는 용어는 皇道 哲學과 긴밀한 연관이 있다. 예를 들어 김재현은 『한국 사회철학의 수용과 전개』에서 "일제 말에는 실용주의・회의주의・실존주의를 수용했던 일부 철학자들이 이른바 '황도철학'에 참여하여 한국철학계에 오명을 남기기도 했다."[69]

계로 인해 감히 그 문제에 대해 언급하는 못하는 것에 있다. 그러나 수많은 '관계'를 너무 고려한다면, 철저한 철학적 작업은 아예 불가능하게 될 것이다. 따라서 한국 사회에서 철학의 발전을 위해서는 개인적 관계에 대한 고려보다 공적인 차원의 논의가 활성화되는 것이 반드시 필요하다.

69) 김재현, 『한국 사회철학의 수용과 전개』, 서울, 동녘, 2002, 13－14쪽. 이 저

고 서술한다. 그런데 일제 강점기 황도 철학에 참여한 철학자들은 일부가 아니라 대다수였으며, 그 황도 철학의 형성은 일제 말기가 아니라 훨씬 이전에 이루어졌다. 이 문제를 식민지 시기 철학을 중심으로 살펴보자.

일제 강점기 강단 철학의 효시로 꼽히는 것은 식민지체제에서 조선 민중의 민립대학운동을 방해하고 일본의 이익을 관철시키기 위해 1923년 일제가 설립을 추진한 경성제국대학(현 서울대학교, 개교는 1924년)이다. 이 경성제국대학 법문학부의 철학과가 일본의 天皇을 정점으로 일본의 이익을 대변하는 강단철학임에는 틀림이 없다. 그런데 이 경성제국대학 법문학부 철학과에서 1926년부터 '조선 사상사' 강좌가 개설되기 이전에 이미 일제 강점기인 1911년 조선의 성균관이 일제에 의해 그 명칭이 바뀐 경학원(현 성균관대학교)70)에서 일본의 제국주의적 이익을 대변하는 친일 유교 논리가 모색되었다. 그리고 1920년대 중반 이후 근대적인 학문방법으로 황도 유교의 이론이 체계화되기 시작한 현상이 발생한 것이다. 여기서 주도적인 역할을 한 사람이 바로 다카하시 도루(高橋亨)이며, 그는 체계적인 방법을 통해 중국 중심의 王道 儒教에서 일본 중심의 皇道 儒教(원래는 皇道 儒道)를 강조한 장본인이다.71)

다카하시 도루는 일찍이 1903년 일제의 영향력하에 있던 조선 정부의 초청으로 한성중학교(현 경기고) 교사가 되고, 1910년 이후에는 일본 제국주의의 식민지 교육을 주도하며 황도 유교를 체계화시킨다.72) 황도 유

술 같은 곳에서 김재현은 일제 시대에 관념론적 경향의 철학자들로 박종홍, 이종우, 안호상, 고형곤, 김두헌, 김계숙, 최재희 등을 들고, 유물론적 경향의 철학자로 신남철, 박치우, 전원배 등을 거론하고 있다.

70) 1911년 6월 15일 조선총독부의 명령(府令) 제73호를 통해 조선의 멸망으로 유명무실해진 성균관의 이름이 경학원으로 바뀐 것이다. 그 표면적인 교육 목적은 "경학원은 조선총독의 감독에 속하여 경학을 강구하며 風教德化를 裨補"하는 것이다. 참조. 조선총독부, 『조선총독부관보』5권, 서울, 아세아문화사, 1985, 405쪽. 조선총독부는 경학원의 대제학을 임명하고, 제례의 경비를 지원함으로써 과거 조선의 최고 교육기관을 일본 제국주의의 식민 통치 도구로 전락시켰다. 이후 경학원은 일본의 제국주의적 이익을 대변하는 황도 유교의 중심지가 된다.

71) 한국철학사상연구회 편, 『강좌 한국철학』, 서울, 예문서원, 1995, 281-283쪽.

교의 문제와 연관하여 경학원은 매우 중요한 기관이었는데, 왜냐하면 다카하시는 1923년 경성제국대학 창립위원회 간사가 되기 10년 전인 1913년에 이미 경학원 강사로 있었으며, 1930년 경학원 내에 명륜학원(이후 명륜전문)을 설립하는 데 중요한 역할을 하였다. 그리고 1944년 마침내 그는 경학원의 개칭인 명륜연성소의 소장이 되어 1945년 일본이 패망할 때까지 제국주의의 선봉에서 황도 유교를 주도했던 것이다.[73]

그렇다면 다카하시 도루의 황도 유교란 무엇인가? 그는 1939년 조선총독부가 발행하는 잡지 『朝鮮』제295호에 「王道 儒道에서 皇道 儒道로」란 글을 발표한다. 다카하시가 이 글을 쓰게 된 동기는 당시 조선의 친일 유교 단체에 황도 유교를 강조하기 위한 것이다. 그의 의도와 주장은 글의 말미에서 "조선의 유교 단체는 황도 유교를 선포 발양하지 않으면 안 된다."[74]고 강조한 것을 통해 명확히 드러난다. 이와 같이 구체적인 당면 목적을 달성하기 위해 그는 식민사관에 입각한 황도 유교의 역사적 연원들을 제시하고, 황도 유교의 독특한 점들을 다음과 같이 부각시킨다.

다카하시 도루의 논지에 의하면 皇道란 孔孟의 정치적 이상인 王道와 다른 天皇 중심의 '일본의 정치'를 일컫는 것이고, 중국식 왕도 유교가

---

72) 다카하시 도루의 생애에 관한 연대기식 기록에 관해서는 朝鮮學會 編, 『朝鮮學報』第 48輯, 天理, 天理大出版部, 1968, 4－15쪽을 참조하고, 그의 저작에 관해서는 같은 책 16쪽과 朝鮮學會 編, 『朝鮮學報』第14輯, 天理, 天理大出版部, 1959, 15－21쪽을 참조할 것.

73) 해방 이전 황도 유교를 표방한 친일 유림이 성균관에 군림했고, 해방 이후 그 친일파 문제는 민족의 독립과 반독재 투쟁에 헌신했던 성균관대학교 초대 총장 김창숙(金昌淑; 1879－1962)에게도 해결해야 할 큰 문제였다. 참조. 심산사상연구회 편, 『김창숙문존』, 서울, 성균관대학교 대동문화연구원, 1989, 289쪽. 그런데 오늘날까지 문제가 되는 것은 그 친일 유림들이 청산되지 않고 이승만 독재 정권과 결탁하여 아직도 성균관을 지배하고 있다는 사실이다. 이 성균관의 친일유림의 문제는 앞으로 황도 유교의 문제와 함께 반드시 실천적으로 해결해야 할 중요한 과제인 것이다. 김창숙이 성균관에서 물러나게 된 과정에 대해서는 다음을 참조할 것. 정범진, 『백 번 꺾어도 꺾이지 않은 민족의 자존』, 서울, 성균관대학교 출판부, 1995, 223－225쪽.

74) 高橋 亨, 「王道 儒道より 皇道 儒道へ」, 『朝鮮』제295호, 京城(서울), 朝鮮總督府, 1939, 27－28쪽.

忠과 孝의 분리하에 孝를 강조한 것이라면 일본식 황도 유교는 忠孝의 일치를 기반으로 한 것이다.[75] 그가 규정하는 王道는 한국의 동양 철학에서도 일반화되어 있고 흔히 언급되는 천편일률적인 규정이다.[76] 그런데 그의 황도유교에서 중요한 忠孝一體의 논리는 과거 조선의 유교가 주자학이었고 그 정치적 이상이 중국식 왕도 유교였다면, 이제 일본이 조선을 강점한 이후의 새로운 유교는 일본식 황도 유교가 되어야 한다는 주장을 뒷받침하는 것이다.[77] 이러한 주장은 다카하시가 일본에서 '王道 理想에서 皇道 理想으로' 나아간 근원을 중국의 신화시대보다 뛰어난 풍속을 이미 일본이 지니고 있었기에 중국의 유교가 일본에 전래된 것은 부차적 의미밖에 없음을 전제로 한 것이다.[78] 이 국수주의적 근거를 전제로 삼아 그가 전체주의적인 충효일체의 황도 유교를 특별히 거론한 것은 중일전쟁 이후의 상황에서 內鮮一體를 강조하며 國民精神總動員 運動을 확대하려는 식민통치전략과 긴밀히 연관된 것이다.[79] 따라서 다카하시 도루의 황도 유교는 일본 천황을 정점으로 한 봉건적 위계 구조를 바탕으로 충효일체의 전체주의적 논리를 강조하여 피지배자들을 황국신민으로 만들고 그 신민들을 일본의 천황에게 절대적으로 충

---

75) 高橋 亨, 「王道 儒道より 皇道 儒道へ」, 『朝鮮』제295호, 京城(서울), 朝鮮總督府, 1939, 20−25쪽.

76) 한국 철학계의 일반적 해석과 달리 양재혁은 '왕도'를 다음과 같이 규정한다. "'왕도(王道)'란 왕의 의지(Wille der Fürsten)에 의하여 천도(天道)를 일반 민중에게 전달하는 것이 아니라, 왕 자신의 행동이 스스로 천도(天道, Naturlauf)화하여 표본(Vorbilder)으로 되어야 함을 말한다." 다음을 참조할 것. 양재혁, 『동양사상과 마르크시즘』, 서울, 일월서각, 1987, 193쪽.

77) 충효일체는 국가 윤리와 가족 도덕이 절충된 것으로, 한국의 경우 유신독재 체제에서 줄곧 강조되던 논리다. 특히 박정희는 친일파답게 일제 당시에 유행하던 충효 사상을 자신의 전체주의적 독재에 충분히 활용했다. 전재호는 충효 사상의 부활을 국가주의의 정당화로 파악한다. 참조. 전재호, 『반동적 근대주의자 박정희』, 서울, 책세상, 2000, 102−107쪽.

78) 高橋 亨, 「王道 儒道より 皇道 儒道へ」, 『朝鮮』제295호, 京城(서울), 朝鮮總督府, 1939, 10−12쪽.

79) 高橋 亨, 「王道 儒道より 皇道 儒道へ」, 『朝鮮』제295호, 京城(서울), 朝鮮總督府, 1939, 특히 10쪽과 27쪽 참조.

성하도록 강요하던 일제의 전체주의적 지배 이념이다.

특히 일본의 식민지였던 조선에서 다카하시 도루가 황도 유교를 강조한 것은 일본 제국주의가 자신의 이익을 위해 조선을 식민지로 조선의 민중을 천황의 신민으로 영구히 지배하려는 목적을 체계화한 것이다. 그런데 다카하시가 황도 유교를 공식적으로 표명하기 이전에 이미 그가 설립에 적극적으로 간여했던 1930년 명륜학원의 목적이 1936년 개정을 통해 다음과 같이 바뀌게 되는 것에 주목할 필요가 있다. 즉 명륜학원의 교육목적이 "유학에 관한 교수를 하고, 아울러 인격을 도야함으로써 목적함"에서 "유학을 강구하고 국민도덕의 본의를 천명하고, 아울러서 인격을 도야함을 목적으로 함"으로 바뀐 것이다.[80] 여기서 '국민도덕'은 바로 일본 천황의 신민이 지켜야 할 규범, 다시 말해 황도 유교의 핵심적인 내용인 권위적 전체주의를 가리키는 것이다. 이와 같이 다카하시 도루가 긴밀히 관련된 명륜 학원의 교육 목표에는 권위적 전체주의의 덕목인 '국민도덕'을 통해 일본의 천황을 절대시하는 '충성'의 논리와 조선의 민중들에게 '인격 도야'라는 명목으로 '노예의식'을 내면화시켜 일본 제국주의 자신의 이익을 철저히 확보하려는 의도가 담겨 있는 것이다.

이러한 황도 유교의 지배 논리는 이미 1923년 경성제국대학의 설립의 과정에서도 동일하게 적용되었다. 왜냐하면 다카하시 도루는 경성제국대학의 설립 간사가 되어 황도 유교를 바탕으로 자신의 제국주의적인 학술 권력 의지를 관철시켰기 때문이다. 뿐만 아니라 다카하시 도루는 황도 유교를 명시적으로 표현하기 이전인 1927년 「조선유학대관」과 1929년 「이조유학사에 있어서 주리주기파의 발달」을 통해 조선의 유교 역사를 체계적으로 정리했다. 그런데 다카하시의 조선 유교에 대한 연구들이 단지 일제의 강점기에만 맹위를 떨친 것이 아니라 1945년 해방 이후에도 여전히 한국의 강단철학자들에게 학적 영향을 크게 미쳤던 것이다.

---

80) 성균관대교사편찬위원회 편, 『성균관대학교 600년사-통사편』, 서울, 성대출판부, 1998, 296쪽.

그 대표적인 경우가 바로 박종홍과 유승국이다.[81]

이제 보다 구체적으로 다카하시 도루의 황도 유교와 그 후예들의 관념적 사유체계와 형이상학적 방법에 대해 살펴보겠다.

3절 정치 / 경제적 현실을 배제한 관념적 사유체계

다카하시 도루는 '조선유교'를 서술하면서 어느 누구보다도 이황(李愰; 1501－1570)을 부각시킨다. 예를 들어 그는 이황을 평가하기를 "침잠하는 사색력과 충실한 연찬(研鑽)을 보면 이황은 대체로 조선 제일의 학자라 할 것이다."[82]라고 하였다. 이와 같이 다카하시 도루는 이황을 조선의 수많은 유학자들 가운데 단연 으뜸으로 꼽고 있는 것이다. 그리고 박종홍도 다카하시 도루와 마찬가지로 이황에 대해 격찬을 아끼지 않는다. 예를 들어 그는 이황에 대해 다음과 같은 존경심을 품고 있음을 피력한다. "退溪는 그 어느 모로 보나 우리의 師表인 동시에 그런 어른을 우리의 先人들 속에서 찾을 수 있음은 우리의 기쁨이며 마음 든든한

---

81) 다카하시 도루의 황도 유교적 체계와 방법의 영향을 크게 받은 사람들 가운데 박종홍 외에도 친일파 이병도가 있으며, 현상윤, 배종호, 유승국 등도 그 영향의 범주에서 벗어나지 않는다. 다음을 참조할 것. 현상윤, 『조선유학사』, 서울, 현음사(민음사), 1982(1949), 353－411쪽. 배종호, 『한국유학사』, 서울, 연세대학교 출판부, 1974, 70－203쪽. 이병도, 『한국유학사』, 서울, 아세아문화사, 1989, 200－258쪽. 본 논문에서는 황도 유교의 후예들 가운데 주로 박종홍과 유승국의 철학을 대상으로 하였다. 왜냐하면 이들이 한국의 동양철학계에 매우 심각한 영향을 미쳤기 때문이다.

82) 다카하시 도루, 「조선유학대관」, 『다카하시 도루의 조선유학사』, 이형성 역, 서울, 예문서원, 2001, 73쪽.

일이다. 東方에 오직 한 사람뿐이라고 하여 왔음이 결코 지나친 말이 아닐 것이다."83) 또한 유승국도 이황을 다음과 같이 높게 평가한다. "非人間化의 현대 사회에 있어 退溪哲學은 一大 光明을 던져 준다."84) 왜 박종홍과 유승국은 다카하시 도루와 마찬가지로 이황을 최고의 유학자로 부각시키는 것일까? 실제로 이황의 철학을 그렇게 초역사적으로 지나칠 정도로 높게 평가하는 것이 타당한가?

이 이황 평가의 문제는 다카하시 도루의 황도 유교가 지닌 관념적 사유체계와 긴밀히 연관되어 있다. 다카하시 도루가 1927년 「조선유학대관」에서 이황을 '조선 제일의 학자'로 평가한 근거는 '침잠하는 사색력'과 '충실한 연찬(研鑽)'이다. 여기서 이황에 대한 평가 기준이 문제가 되는 것은 현실 사회의 정치적·경제적 모순에 대해 치밀한 분석 및 체계적인 종합 그리고 구체적인 대안 제시가 아니라 공허한 논의를 평가의 중심에 놓고 있다는 점이다. 예를 들어 다카하시 도루가 조선 유교에서 논의의 중점을 두고 있는 부분이 바로 이황과 기대승(奇大升; 1527-1572) 사이에 이루어진 四端七情論이다.85)

그런데 이황과 기대승 사이에서 벌어진 논쟁의 문제는 당시의 정치적 권력의 문제를 다룬 것이 아니라 인간의 심리 현상인 사단과 칠정을 본체 개념인 理와 氣로 설명하면서 공허한 사변적 논의로 전락했다는 점이다. 두 사람의 논의가 논쟁답지 못하게 끝까지 진행되지 못하고 절충식으로 귀결된 것은 진리를 입증할 수 없는 사변적 논의의 필연적인 결과다. 이와 같은 사단칠정의 사변적 논의에 대해 다카하시 도루가 중요하게 다루는 것은 식민지 조선의 사회경제적 모순과 그것에 대응하는 철학자의 고투와는 전혀 상관없이 공허한 理氣論을 바탕으로 한 것으로,

---

83) 열암기념사업회 편, 『박종홍 전집』IV, 증보판, 서울, 민음사, 1998, 389쪽.
84) 유승국, 『동양철학연구』, 서울, 동방학술연구원, 1983, 227쪽.
85) 이황과 기대승의 논쟁을 편지에 바탕해 정리한 논문은 다음을 참조할 것. 전호근, 「사칠리기 논쟁-주희 심성론의 한국적 전개를 위한 최초의 갈등」, 『논쟁으로 보는 한국철학』, 서울, 예문서원, 1995, 149-179쪽.

일본 제국주의의 식민지 지배전략과 교활한 음모를 품고 있는 것이다. 다시 말해 조선의 유교사를 정리하면서 다카하시가 노린 것은 현실의 정치적 권력의 문제를 외면한 채 공허한 논의로 일관하는 것이 결과적으로 일본의 식민지배를 영구히 할 수 있다고 본 것이다. 이것이 바로 다카하시 도루가 조선의 유교를 체계적으로 정리하면서 노린 학술적 목표인 것이다.

비슷한 시기인 1928년 다카하시가 교장으로 있던 대구고등보통학교에서 교사로서 박종홍은 「퇴계의 교육사상」이란 논문을 『경북의 교육』제6호에 게재한다.86) 그런데 박종홍은 이 논문에서 이황의 교육목적을 '至善', 즉 '仁을 體得하여 聖賢이 되는 데' 있다고 파악하며,87) 그 핵심적인 개념을 '敬'으로 내세운다. 이황의 敬 철학에 대한 박종홍의 연구는 방법론적으로 두 가지 문제가 있다. 첫째, 이황의 '敬'에 대한 그의 서술방법은 이황의 논리를 단조롭게 단편적으로 나열하고 있기 때문에 체계적인 학적 논문의 측면에서 매우 부적절하다. 둘째, 더욱 문제가 되는 방법은 박종홍이 현대 교육의 현실, 즉 일제 식민지 시기의 교육 현실을 '敬의 缺如'88)로 파악하고 있으며, 공공연하게 이황의 '敬' 사상을 추앙하고 있는 점이다. 내용면에서 식민지 정치권력의 문제에 대해 완전히

---

86) 열암기념사업회 편, 『박종홍 전집』Ⅰ, 증보판, 서울, 민음사, 1998, 125 – 158쪽. 다카하시 도루와 박종홍의 관계는 다음과 같다. 박종홍이 1926년 대구고보(현 경북고)의 교사가 되었을 때 다카하시 도루는 그 학교의 교장이었으며, 박종홍이 1929년 경성제국대학의 학생이 되었을 때 다카하시 도루는 그 대학의 교수였다. 다시 말해 박종홍은 항상 다카하시 도루의 밑에서 그의 영향력을 벗어나지 못했던 것이다. 뿐만 아니라 두 사람의 공통점은 다음과 같은 사실에서도 드러난다. 다카하시 도루가 조선총독부 촉탁이었듯이 박종홍은 1944년 조선총독부 촉탁이었으며, 다카하시 도루가 명륜연성소 소장이었듯이 1968년 박종홍도 성균관대학교 유학대 학장이 되었다. 그리고 1945년 해방 이후에도 다카하시 도루와 박종홍이 실질적인 교류를 했다는 점은 중요하다. 예를 들어 1963년 10월 박종홍은 다카하시 도루가 세운 朝鮮學會의 초청으로 日本 天理大를 방문하게 된다. 참고. 열암기념사업회 편, 『박종홍 전집』Ⅶ, 증보판, 서울, 민음사, 1998, 311쪽.

87) 열암기념사업회 편, 『박종홍 전집』Ⅰ, 증보판, 서울, 민음사, 1998, 136쪽.

88) 열암기념사업회 편, 『박종홍 전집』Ⅰ, 증보판, 서울, 민음사, 1998, 152쪽.

도외시한 채 공허한 敬의 논의만을 내세우는 것이다. 일본 제국주의의
식민지 지배하에서 최고의 바람직한 민족투쟁의 형태는 '무장투쟁'이며,
그것에는 못 미치더라도 '사상투쟁'이나 '노동투쟁'을 통해 민족의 독립
을 위한 투쟁이 시급한 현실에서 그가 한가롭게 이황의 '敬' 사상을 강
조하는 것은 독립투쟁의 포기와 다름이 없다. 왜냐하면 이황의 '敬' 사
상은 '정적이고 변화되지 않는 상태(Zustand)를 체(體)로 삼아 모든 중점
을 거기에 두고 있는 것'[89]이기 때문이다. 다시 말해 박종홍의 '敬' 사
상 중시는 일제 식민지의 불변 상태를 지향하는 가운데 태동한 것이다.
이와 같이 박종홍이 이황을 대표적인 교육자의 전형으로 삼고 그의 '敬'
사상을 중시한 것은 바로 다카하시 도루가 황도 유교적 해석을 통해 추
구한 식민지배의 영구화에 동조한 논리인 것이다.

　박종홍이 다카하시 도루의 황도 유교적 논리를 본뜬 것은 단지 이황
에 대한 평가만이 아니다. 이황의 사상에서 주요하게 다루어지는 四端七
情論에서 핵심 개념은 理·氣다. 다카하시 도루는 1929년 「이조유학사
에 있어서 주리주기파의 발달」에서 조선의 유교 파벌에 대해 主理派와
主氣派 그리고 折衷派로 분류한다.[90] 다카하시 도루가 무리할 정도로
主理派와 主氣派 등으로 나눈 이유는 조선인의 분열적 특성을 강조하기
위한 것이고, 그 저의는 일본 제국주의만이 사회적 통합의 유일한 주체
이자 절대적인 지배자일 수 있다는 황도 유교의 발로인 것이다. 그런데
박종홍도 이러한 다카하시 도루의 황도 유교적 논리를 그대로 답습하여

---

89) 양재혁, 『동양사상과 마르크시즘』, 서울, 일월서각, 1987, 213쪽. 양재혁은
　　같은 곳에서 관념적 전통철학을 비판한 신채호(申采浩; 1880－1936)의 적극
　　적인 실천활동을 강조하고 있다. 신채호는 근세 우리나라 도덕의 폐해 가운
　　데 '관념의 오류'를 지적하면서, "그 끼친 폐단이 사람마다 위선자가 되며,
　　사회는 문약하고 안일만 탐내는 쪽으로 기울어지게 되고, 지는 것이 이기는
　　것이라고 한 말이 한때의 격언이 되었도다. 이런 도덕이야말로 멸망케 할
　　도덕이 아니고 무엇이겠는가."라고 역설한다. 다음을 참조할 것. 안병직 편,
　　『신채호』, 서울, 한길사, 1979, 156쪽.
90) 다카하시 도루, 『다카하시 도루의 조선유학사』, 이형성 역, 서울, 예문서원,
　　2001, 97－278쪽.

아무런 문제의식 없이 구태의연하게 조선 유교를 다루면서 '主理'나 '主氣'라는 용어를 그대로 사용한다.[91] 이와 같이 박종홍은 다카하시 도루의 황도 유교의 논리를 그대로 답습하는 구태의연한 길을 걸었다.

그렇다면 황도 유교의 또 다른 후예인 유승국은 어떠한 논리를 전개하는가? 그는 이황의 敬을 수양 방법으로 파악하고 현대적 의미의 '인간의 성실성'[92]으로 규정한다. 확실히 이황은 현실 권력의 문제를 본격적으로 제기하기보다는 정치적 위험을 피해 사변적인 관념론을 전개하여 자신의 안위를 보존하는 데 성실했고, 다카하시 도루는 황도 유교를 통해 식민지 조선을 영구히 지배하려는 제국주의의 논리에 성실했으며, 황도 유교의 방법을 계승한 박종홍과 마찬가지로 유승국도 독재 권력의 지배 이념에 성실했다. 그런데 유승국은 四端七情이나 理氣에 대한 이황의 논의가 '순수이론체계만 아니라, 그 근저에 있어서 인간과 사회가 보다 높은 이상을 향해 승화하여 가는 성숙의 이론'[93]으로 파악한다.

그렇다면 유승국이 지향하는 '인간과 사회의 높은 이상'은 무엇인가? 그가 추구하는 이상은 전통적인 忠孝 사상이 실현되는 도덕 사회다. 그의 논리에 따르면 "忠孝의 基本精神과 忠孝란 말은 어느 시대, 어느 사회를 막론하고 최고의 가치관으로 일관하여 自己同一性을 유지해 왔던 것이다."[94] 이와 같이 초역사적으로 충효를 강조한 후, 그는 특히 이상적인 도덕 사회의 중심에 孝를 설정하여 다음과 같이 주장한다. "현대 민주주의 사회에 있어서 바람직한 市民像을 말하면 孝의 마음씨를 가진 者만이 성실하고 책임이 있고 능력이 있어 자기의 완성과 사회의 완성

---

91) 열암기념사업회 편, 『박종홍 전집』IV, 증보판, 서울, 민음사, 1998, 224쪽. 원래 主理와 主氣는 이황이 사용했던 용어이고, 다카하시 도루는 그 용어를 활용해 조선의 유교사를 구별하는 중요한 기준으로 삼은 것이다. 문제는 박종홍이 다카하시 도루의 조선 유교사 연구를 비판적 안목이 결여된 상태에서 그대로 답습하고 있다는 점이다.

92) 유승국, 『동양철학연구』, 서울, 동방학술연구원, 1983, 220쪽. 유승국, 『한국사상과 현대』, 서울, 동방학술연구원, 1988, 96쪽.

93) 유승국, 『동양철학연구』, 서울, 동방학술연구원, 1983, 220쪽.

94) 유승국, 『한국사상과 현대』, 서울, 동방학술연구원, 1988, 207-208쪽.

을 가능하게 하는 것이라 하겠다."[95] 이러한 주장은 매우 주관적인 시대
착오의 오류를 범하고 있다. 왜냐하면 시민사회의 윤리를 혈연적인 가족
도덕으로 대체하려는 것은 실현가능성이 희박한 주장이기 때문이다. 그
런데도 유승국이 끊임없이 충효를 강조한 이유는 어디에 있는가?

충효가 유난히 강조되던 시대는 다카하시 도루가 황도 유교를 전개했
던 일제 식민지 시기와 해방 후 독재 시기다. 실제로 독재 시기에 유승
국은 수많은 忠孝 강연을 통해 독재 체제에 순응할 것을 강조하곤 했다.
직접 관련되는 강연 제목을 열거하면 '孝에 關하여', '孝의 윤리', '忠孝
의 傳統精神과 現代', '忠孝와 國民精神敎育', '忠孝思想의 本質과 敎
育的 展望', '忠孝思想' 등이다.[96] 다카하시 도루가 황도 유교를 통해
忠孝의 일치를 강조하고 천황 지배 체제에 충성할 것을 조선인에게 강
요했듯이, 그리고 박종홍이 유신 독재 체제에 충성할 것을 국민에게 요
구했듯이, 유승국도 독재 체제에 충성할 것을 국민에게 역설한 것이다.[97]
방법론적으로 볼 때, 忠孝와 같이 전통적인 원시적 도덕의 방법으로 현
대 사회의 복잡한 정치 / 경제의 문제들을 해결하려는 것은 말 그대로 복
고적 이상에 지나지 않는다. 더욱 심각한 문제는 황도 유교식 사유체계
에서 나타나는 관념론은 현실적으로 첨예한 문제들을 배제하는 결과를
초래한다는 점이다.

---

95) 유승국, 『한국사상과 현대』, 서울, 동방학술연구원, 1988, 210쪽.
96) 도원 유승국 박사 화갑기념논문집 간행위원회, 『동방사상논고』, 서울, 종로
    서적, 1983, xiii - xv.
97) 유승국, 『한국사상과 현대』, 서울, 동방학술연구원, 1988, 206-211쪽.

4절 민족의 현실을 외면한 형이상학적 방법의 문제

다카하시 도루의 황도 유교에서 나타나는 방법적 문제점을 살펴보면, 그의 철학적 방법에는 뚜렷하게 형이상학의 우위와 사회철학의 부재가 나타난다. 다시 말해 그의 황도 유교가 지닌 방법적 문제는 무엇보다 형이상학적 방법이란 점에 있다. 그런데 황도 유교의 방법적 문제는 단지 다카하시 도루에 그치지 않고 한국의 대표적인 철학자들에게도 심각한 영향을 미쳤다는 점이 더욱 중요하다. 예를 들어 박종홍은 일제 식민지 시기에는 그 정치적 현실의 문제점이나 경제적 사회구성체의 문제점에 대해 비판하지 않고 언제나 형이상학적인 中庸의 길을 가거나 도저히 민족의 독립투쟁에 나설 수 없게 만드는 敬의 방법을 취했다. 이러한 형이상학적 방법은 결과적으로 일본 제국주의의 이익에 부합하는 논리가 될 수밖에 없다. 박종홍의 형이상학적 방법이 친일을 벗어날 수 없는 反민족적인 철학인 이유가 바로 여기에 있는 것이다.

이런 점에서 보면 박종홍의 철학에 대한 선행 연구들 대부분이 박종홍을 우상으로 삼아 무조건 찬양하는 것이 주류를 이룬 것[98])은 얼마나 허구적인가를 알 수 있다. 이런 反학문적 분위기가 대세를 이룬 것은 강단 철학에 몸담고 있는 대다수가 박종홍과 직간접적으로 사제 관계에 있으며, 한국 사회에서 그들 사이에 맺고 있는 은밀한 협잡의 관계를 스스로 폭로하고 청산할 만한 용기와 역량이 없기 때문이다.[99]) 분명한 사

---

98) 박종홍의 우상화 문제에 대해서는 그가 죽은 지 2년 만에 나온 열암기념사업회 편,『스승의 길』, 서울, 천지(일지사), 1998(1978)과 열암기념사업회 편,『현실과 창조』, 서울, 천지, 1998을 함께 참조할 것.

99) 예를 들어 이남영은 박종홍을 '경건한 선비, 성실하고 탁월한 교육자, 민족혼을 불러일으킨 애국적 지성 그리고 현대 한국에서의 진정한 철인(哲人)'으로 평가하면서, 박종홍의 활동들 가운데 주요 보직이었던 1944년-1945년 조선총독부 학무과 촉탁은 고의로 생략하고 있다. 이남영,「열암 철학-

실은 박종홍과 그 철학을 우상화하는 작업은 그 본질적 한계로 인해 논의를 더 이상 발전시킬 수 없다는 점이다.

그런데 박종홍의 철학을 학문적 연구의 대상으로 삼아 객관적인 기초자료를 정리하거나, 그 철학을 비판하는 연구들이 등장하기 시작했지만, 이 연구들 가운데 기존의 우상화식 연구들과 마찬가지로 박종홍 철학을 여전히 민족주의 철학으로 파악하는 연구가 있다. 예를 들어 김재현은 3·1운동을 겪으면서 박종홍이 '뚜렷한 민족의식'을 갖게 된 것으로 파악한다.[100] 그리고 박종홍 철학을 비판적으로 파악하는 김석수의 연구에서도 박종홍의 철학이 "민족주의와 떨어질 수 없는 관계를 갖는다."[101]고 한다. 이와 같이 박종홍의 철학을 '민족 철학'으로 파악하는 연구들과는 달리 홍윤기는 그의 민족우월주의가 '저항적 민족주의'로 발전하지 않은 점을 비판하거나,[102] 양재혁은 그의 민족의식을 '감상적 태도'라고 비판하는 현상[103]이 동시에 존재한다.

아무리 民族主義(nationalism)가 다양한 의미를 지닌 것이라고 해도,[104] 박종홍의 철학이 민족적이라면 反민족적일 수 없으며, 反민족적이라면

향내적 철학과 향외적 철학의 집합으로서의 한국철학」, 『해방 50년의 한국철학』, 서울, 철학과 현실사, 1996, 11쪽과 21쪽.

100) 김재현, 『한국 사회철학의 수용과 전개』, 서울, 동녘, 2002, 225쪽.

101) 김석수, 『현실 속의 철학 철학 속의 현실』, 서울, 책세상, 2001, 29쪽.

102) 홍윤기, 「박종홍 철학 연구」, 『역사비평』통권 55호, 서울, 역사문제연구소, 2001. 여름, 178쪽.

103) 양재혁, 「박종홍과 그의 황국 철학」, 『박종홍 철학 비판』, 비판철학회 제1회 학술발표 자료집, 서울, 비판철학회, 2003. 12. 10쪽.

104) 민족주의에는 억압과 해방이 이중적으로 잠재해 있다. 역사적으로 볼 때 초기 민족주의의 형성에서는 중세적 지배구조의 억압으로부터 해방되는 진보적 특성이 있었지만, 이후 자본주의 발달과정 속에서 다른 민족을 억압하는 제국주의적 민족주의나 전체주의적 민족주의도 있었고, 식민지의 억압 상태를 극복하려는 해방적 민족주의도 있었다. 나는 이 글에서 한국의 민족적 상황을 고려하여 '해방적 민족주의'만이 진정한 의미의 민족주의라 생각한다. 왜냐하면 제국주의적 민족주의나 전체주의적 민족주의는 결국 식민 지배나 독재 체제를 정당화하는 논리로 귀결되기 때문이다. 특히 한국의 민족주의에 대한 다양한 논의는 다음을 참고할 것. 성균관대 사회과학연구소 편, 『한국민족주의의 이상과 현실』, 서울, 대영문화사, 1989.

민족적일 수 없는 것이다. 나는 박종홍 철학이 끊임없이 '우리'와 '민족'을 내세우지만 실제로는 일제 시기에 풍미했던 황도 유교의 형이상학을 핵심으로 한 反민족적 철학이라고 파악한다. 왜냐하면 박종홍의 사유체계와 방법은 철저히 일제 시기에는 일본의 이익을 위한, 미군정 이후는 미국의 이익을 위한, 그리고 박정희 독재 시기에는 분단체제를 유지하여 소수 특권 계층의 이익만을 위한 反민족적인 철학이었기 때문이다.

일제 식민지 시기 식민지배를 위한 교육기관인 경성제국대학에서 박종홍과는 동문 관계인 신남철(申男澈; 1907－1958?)과 박치우(朴致祐; 1909－1949) 그리고 김태준(金台俊; 1905－1950)의 경우와 비교하면 그의 형이상학적인 황도 유교의 방법이 지닌 反민족적 특성이 보다 잘 드러난다. 신남철과 박치우가 일제 식민지의 현실적인 민족모순을 규명하는 데 마르크스주의를 적극적으로 활용하고 그 결과 민족의 독립을 추구했다면,[105] 박종홍은 관념적인 황도 유교로 식민지 현실의 민족모순을 은폐하고 나아가 反민족적인 친일의 길을 충실히 걸었던 것이다. 또한 동시대 지식인이었던 김태준이 일본 제국주의에 대해 사회주의 운동과 함께 무장투쟁의 길을 택한 반면,[106] 박종홍은 줄곧 일제의 식민지 교육체계 내에서 충실하게 反민족적 역할을 수행한 것이다.

박종홍은 민족의 전통철학을 해석할 때, 다카하시 도루의 관념적인 황

---

105) 대표적으로 다음과 같은 논문들을 참조할 것. 신남철, 「민족이론의 삼형태」, 『신흥』제7호, 경성(서울), 신흥사, 1932. 12. 신남철, 「신헤겔주의와 그 비판」, 『신흥』제6호, 경성(서울), 신흥사, 1932. 1. 신남철, 「인식, 신체와 역사」, 『신흥』제9호, 경성(서울), 신흥사, 1937. 1. 신남철, 「헤겔 백년제와 헤겔 부흥」, 『신흥』제5호, 경성(서울), 신흥사, 1931. 7. 신남철, 「헤라클레이토스의 단편어」, 『철학』제1호, 경성(서울), 철학연구회, 1933. 7. 신남철, 「현대철학의 Existenz에의 전향과 그것에서 생하는 당면의 과제」, 『철학』제2호, 경성(서울), 철학연구회, 1934. 4. 박치우, 「세대사관 비판」, 『신흥』제9호, 경성(서울), 신흥사, 1937. 1. 또한 신남철과 박치우의 사상에 관한 기존 연구들 가운데 다음을 참고할 필요가 있다. 김석수, 『현실 속의 철학 철학 속의 현실』, 서울, 책세상, 2001, 80－100쪽. 김재현, 『한국 사회철학의 수용과 전개』, 서울, 동녘, 2002, 71－96쪽.
106) 한겨레신문사 편, 『발굴한국현대사인물』2, 서울, 한겨레신문사, 87－92쪽.

도 유교의 방법을 그대로 베끼면서 동일한 체계와 방법으로 조선의 유교를 서술한다. 예를 들어 박종홍은 다카하시가 그랬던 것처럼 조선의 유교사에서 이황의 사상을 가장 비중 있게 다루고 있다. 이와 같이 그가 다카하시 도루의 논리를 답습하는 것은 스스로 전통철학에 대한 비판적 안목을 결여하고 있다는 것을 의미한다. 조선이 식민지로 전락할 수밖에 없었던 현실적 원인을 절실하게 규명하였더라면 전통철학에 대해 무비판적으로 바라볼 수는 없을 것이다. 그렇다면 해방 이후 박종홍이 한국철학에서 가장 중시하는 것이 바로 이황의 '敬'이며,[107] 그가 이황의 '敬' 철학을 매우 격찬한 것[108]은 어떻게 이해해야 할 것인가?

박종홍은 조선 중기 四端七情論에 대한 다카하시 도루의 식민지배적 이론 작업을 다음과 같이 높게 평가한다. "기왕에 日帝時代에 日人 高橋 亨 博士가 이에 着眼하여 어느 정도 研究 整理한 業績도 남기었거니와 ……"[109] 박종홍이 다카하시의 연구를 업적으로 평가한 것에는 전혀 근거가 없는 것은 아니다. 왜냐하면 다카하시는 과거 조선의 전통적인 유교 방법과는 다르게 근대적인 학문 방법으로 조선의 유교를 주요 개념과 학파로 체계적인 분류를 시도하고 있기 때문이다. 그런데 박종홍은 다카하시의 연구를 업적으로 평가할 뿐 그 이상의 식민지배의 논리를 비판적으로 파악하지 못하고 있는 것이다. 그리고 특히 조선 중기의 유학자인 이황의 사상에 대해서도 박종홍은 다카하시 도루와 매우 유사한 견해를 가지고 있다.

해방 이후에도 박종홍이 한국철학에서 반드시 비판을 해야 할 이황의 '경'(敬) 사상을 끊임없이 추앙한 것은 그의 황도 유교적인 관념적 체계와 형이상학적 방법이 계속 이어진 결과다. 다시 말해 그는 항상 황도 유교적 입장에서 현실 사회의 모순에 눈을 감고 오로지 현실 권력의 편에 서서 민족의 이익보다는 강대국의 이익을 그리고 민중의 이익보다는

---

107) 열암기념사업회 편, 『박종홍 전집』IV, 증보판, 서울, 민음사, 1998, 382쪽.
108) 열암기념사업회 편, 『박종홍 전집』IV, 증보판, 서울, 민음사, 1998, 383쪽.
109) 열암기념사업회 편, 『박종홍 전집』IV, 증보판, 서울, 민음사, 1998, 259쪽.

독재자의 이익을 적극적으로 옹호한 것이다. 이러한 박종홍의 황도 유교
적 삶은 현실 사회에 대한 구체적 분석과 철저한 비판이 없이 현실 권
력을 맹목적으로 그대로 인정하는 결과를 초래한다. 예를 들어 박종홍은
일제 시기 천황을 중심으로 한 일본 제국주의의 지배 체제에 편입하여
교사와 대학생 그리고 교수의 길을 걸었으며, 결국 총독부의 학무과 촉
탁이라는 적극적인 친일파의 길을 걷는다.110) 그리고 그는 해방 이후 미
군정 시기에 다른 친일파들 예를 들어 이병도(李丙燾; 1896-1989)와 마
찬가지로 미국의 이익을 대변하는 국대안에 적극적으로 참여했고, 마침
내 국립대 교수로 미국연수를 마치고 이승만 독재 정권에 봉사한다. 또
한 그는 4·19로 이승만 정권이 무너지자 4·19를 예찬했다가 5·16 군
사쿠데타를 일으킨 친일파 박정희 군사정권에 빌붙고야 만다. 그리고 결
국은 반공을 앞세우며 분단체제를 볼모로 하는 전체주의적 독재의 이념
을 적극적으로 제공한다. 그 대표적인 경우가 유신독재 체제가 성립하기
이전에 이미 박정희 독재 체제에 전체주의 이념을 제공했던 「국민교육
헌장」이다.111)

　일찍이 박종홍은 민족이 식민지의 족쇄를 끊고 해방을 쟁취해야 할
현실 앞에서 민족 해방을 외면하고 일본 제국주의의 전체주의적 지배
이념인 황도 유교에 순응했으며, 해방 이후에는 민족이 분단체제에 놓여
통일을 지향할 현실 앞에서 민족 통일을 외면하고 반공을 국시로 삼은

---

110) 일제 시기 고등교육은 전적으로 일본인을 우대하고 조선인을 심각하게 차
　　별하는 우민화 정책을 기조로 한 것이다. 예를 들어 일제는 고등교육기관
　　에 조선인 학생 비율을 극도로 제한하였으며, 사상적 검열로 조선인 학생
　　의 입학을 엄격히 제한하였다. 참조. 이만규, 『조선교육사』II, 서울, 거름,
　　1988, 252-253쪽. 이러한 일제의 차별적 교육 정책으로 결국 고등교육기
　　관의 좁은 문은 반민족적인 친일파나 그 후손에게는 자유로운 출입구였으
　　나, 독립운동가나 그 후손에게는 엄격한 출입금지구역이었다. 따라서 경성
　　제국대학의 학생으로, 전문학교의 교수로, 그리고 결정적으로 총독부의 촉
　　탁으로 근무한 박종홍은 일제의 차별적 교육 정책의 수혜자였던 것이다.
111) 홍윤기는 박종홍이 적극적으로 개입하여 작성한 국민교육헌장을 바로 박정
　　희 정권의 헤게모니 텍스트로 규정하고 있다. 홍윤기, 「박종홍 철학 연구」,
　　『역사비평』통권 55호, 서울, 역사문제연구소, 2001. 여름, 184쪽.

박정희 독재에 적극적으로 부응하는 공산주의 이념 비판에 몰두하였다. 그는 1965년과 1966년에 걸쳐 「공산주의철학비판」을 저술하는데,[112] 이 저술은 냉전시대 분단 체제하에서 사상의 자유에 대한 문제의식이 박약한 것은 차치하더라도 지극히 편협한 열등의식의 왜곡된 표출에 지나지 않는다. 그런데 이후 박종홍은 민족 분단의 현실 앞에서 '평화 통일'을 주장한다. 민족적 차원에서 볼 때 '반공 이념'과 '평화 통일'은 양자택일적인 첨예한 긴장관계를 형성할 수밖에 없다. 왜냐하면 극단적인 '반공 이념'에 따르면 휴전선 이북의 민족 모두를 사멸시켜야 할 적으로 간주할 수밖에 없으며, 실제로 '평화 통일'을 추구한다면 반공 이념을 포기할 수밖에 없는 것이다. 그렇다고 그가 극단적인 반공 이념을 포기한 것은 아니다. 오히려 그는 조선민주주의인민공화국의 존재 자체를 인정하지 않은 채, 끊임없이 '평화 통일'을 주장한다. 예를 들어 그는 줄기차게 '평화 통일'을 주장하면서도,[113] "남북 대화를 한다고 하여 북한 정권을 국가로서 인정하는 것이 아님은 물론이요."[114]라고 한다. 어떻게 '평화 통일'을 주장하고 '남북 대화'의 방법을 내세우면서 대화의 또 다른 주체인 상대편의 존재를 인정하지 않을 수 있단 말인가? 이러한 모순은 1970년대 초반 박정희 독재 정권의 기만적인 민족 통일 선언을 정당화하는 후속작업 과정에서 발생한 것이다. 따라서 박종홍의 '평화 통일'은 민족의 실질적 통일을 외면하고 분단체제하에서 박정희 독재를 철저히 옹호하는 지배 이념이자, 反민족적인 형이상학이다.

박종홍의 철학에 대해 '흠모'[115]하는 유승국은 박종홍과 마찬가지로 황도 유교의 형이상학을 공유하고 있다. 유승국도 민족의 분단 현실을 극복할 수 있는 방법으로 '祖國의 평화적 統一課業'을 내세우는 것이다.[116]

---

112) 열암기념사업회 편, 『박종홍 전집』III, 증보판, 서울, 민음사, 1998, 554-612쪽.
113) 열암기념사업회 편, 『박종홍 전집』VI, 증보판, 서울, 민음사, 1998, 539-550쪽.
114) 열암기념사업회 편, 『박종홍 전집』VII, 증보판, 서울, 민음사, 1998, 216쪽.
115) 유승국, 『한국사상과 현대』, 서울, 동방학술연구원, 1988, 478-479쪽.
116) 유승국, 『한국사상과 현대』, 서울, 동방학술연구원, 1988, 424쪽.

'평화 통일'에 관한 그의 주장에서 박종홍과의 공통점은 첨예한 체제 대립과 극단적인 이념 대립을 전제로 한다는 사실이다.117) 그런데 그의 '평화 통일'론은 한편으로 '절대적인 우월성'을 전제로 흡수통일의 논리를 전개하면서, 다른 한편으로 '체제와 대립의 초월'을 내세운다.118) 전자는 첨예한 대립을 전제로 일방적인 통일을 주장한 것이고, 후자는 민족 현실의 문제를 갑자기 초월한 형이상학적 통일론인 것이다. 이와 같이 민족 통일의 문제에 대한 그의 형이상학적 처방은 통일에 관심 있는 사람들을 더욱 혼란스럽게 만들 뿐이고, 결과적으로 민족 통일을 방해하는 결과를 초래할 수밖에 없다.

성균관대학교의 동료 교수이기도 했던 박종홍과 유승국은 서로 비슷한 세계관과 방법론을 공유하고 있었는데, 그것이 바로 황도 유교의 관념적 사유체계와 형이상학적 방법이었다. 그리고 박종홍이 국가기구를 통해 자신의 황도 유교를 관철하고 국민교육기관인 한국정신문화연구원을 기획했듯이, 유승국도 박정희의 유신 독재 말기에 설립된 한국정신문화연구원을 전두환 군사독재 시기 독재 권력의 유지를 위한 친권력 기관으로 만드는 과정에서 자신의 황도 유교적 논리를 적용했던 것이다.119) 박종홍과 유승국이 공유하고 있는 관념론과 형이상학이 현시점에서 심각한 현상은 한국의 전통철학 연구에서 황도 유교의 체계와 방법이 여전히 한국 철학계를 지배하고 있다는 점이다. 이미 박종홍은 1976년에 죽었고 유승국은 정년퇴임한 지도 10년이 지났지만, 황도 유교식 논리는 그들의 제자들에 의해 끊임없이 재생산되어 현재의 한국 철학계의 주된 흐름을 형성한 것이다. 예를 들어 한국의 전통철학 연구 특히 조선사상사에서 이황의 사상에 대해 복고적으로 찬양하는 연구는 아직도 절대적

---

117) 유승국, 『한국사상과 현대』, 서울, 동방학술연구원, 1988, 409-420쪽.

118) 유승국, 『한국사상과 현대』, 서울, 동방학술연구원, 1988, 412쪽.

119) 조동일에 따르면 전두환 독재 시기에 "한국정신문화연구원은 학문연구기관일 필요가 없고, 국민정신교육기관이어야 한다는 요구에 맞게 한국학대학원도 개편해, 국책과목으로 인정된 국민윤리와 국사 두 분야만 남기고 다른 전공은 없앴다." 조동일, 『우리 학문의 길』, 서울, 지식산업사, 1993, 271쪽.

인 비중을 차지하고 있는 것이다.[120)]

　방법론적으로 볼 때 이 황도 유교의 형이상학이 가장 문제가 되는 것은 민족 분단이라는 구체적인 현실 문제를 외면하고, 도저히 알 수 없는 '뜬 구름 잡는 철학'을 확산시킨다는 점이다.[121)] 이러한 反민족적 현상이 전형적으로 나타나는 곳이 바로 오늘날 한국 대학의 철학계이다. 다시 말해 황도 유교의 형이상학적 방법은 박종홍과 유승국에만 머무는 것이 아니라 바로 그들의 제자들을 중심으로 여전히 부정적으로 작동하고 있는 것이다. 그 황도 유교의 아류들은 관념적인 체계와 형이상학적 방법을 대학 강단에 온존시키는 가운데 결과적으로 현재의 사회, 정치, 경제의 구체적인 문제들이나 민족 분단체제의 모순에 대해 면밀한 철학적 성찰과 구체적인 해결을 불가능하게 만들고 있는 것이다.

5절 글을 맺으며

　지금까지 다카하시 도루의 황도 유교를 중심으로 그 관념적 사유체계와 형이상학적 방법에 대해 살펴보았다. 이 과정에서 그의 황도 유교에 대한 개념 규정이 성립되었다. 즉 다카하시 도루의 황도 유교는 일본 천

---

120) '퇴계학 르네상스'로 불리는 이러한 편중된 연구 경향의 문제는 복고적인 '도통(道統) 의식'과 봉건적인 '문중(門中) 의식'에 있다. 다음을 참조할 것. 한국철학사상연구회 편, 『강좌 한국철학』, 서울, 예문서원, 1995, 281쪽.
121) 박종홍의 철학을 비판하는 글에서 양재혁은 형이상학을 '웅얼거림'으로 규정한다. 참조. 양재혁, 「박종홍과 그의 황국 철학」, 『박종홍 철학 비판』, 비판철학회 제1회 학술발표 자료집, 서울, 비판철학회, 2003. 12, 12쪽.

황을 정점으로 한 봉건적 위계 구조를 바탕으로 충효일체의 전체주의적 논리를 강조하여 피지배자들을 황국신민으로 만들고 그 신민들을 일본의 천황에게 절대적으로 충성하도록 강요하던 일제의 전체주의적 지배이념이다. 그리고 황도 유교의 후예들 가운데 주로 박종홍과 유승국의 철학에서 황도 유교의 체계와 방법이 중요한 위치를 차지하고 있다는 점을 규명하였다. 이 규명 과정에서 다카하시의 황도 유교가 지금까지도 한국 사회에 부정적인 영향력을 발휘하고 있다는 심각한 사실이 입증되었다.

황도 유교가 지닌 가장 중대한 문제는 바로 민족의 독립과 통일에 커다란 장애가 된다는 점이다. 왜냐하면 황도 유교의 관념적 체계와 그 형이상학적 방법은 아무리 국가와 민족 그리고 국민을 내세우더라도 결국은 언제나 강자나 지배자의 이익에 충실하기 때문이다. 이런 점에서 민족의 분열을 획책하여 민족의 이익보다는 강대국의 이익에 치중하는, 그리고 민중의 이익보다는 독재자의 이익에 적극적으로 봉사하는 박종홍과 유승국의 황도 유교를 철저히 철학적 비판의 대상으로 삼아야 한다.

그런데도 현실적으로 심각한 현상은 다카하시 도루의 황도 유교를 되풀이하는 박종홍과 유승국의 황도 유교식 체계와 방법이 여전히 동양철학의 주요한 논리로 작동하고 있다는 점이다. 세계관과 방법론적 측면에서 볼 때 관념적인 세계관과 형이상학적인 방법으로는 현실 사회의 절박한 정치적 문제나 민족 통일의 문제를 해결할 수 없다. 그 문제들은 근본적으로 현실적인 권력 및 첨예한 이해대립과 불가분의 관계를 맺고 있는데 황도 유교의 방법은 그 중요한 문제들을 철저히 외면하거나 의도적으로 배제하기 때문이다. 따라서 공허한 사변적 논의와 과거 지향의 전망을 바탕으로 한 황도 유교의 관념적이고 형이상학적인 방법은 결코 정치적 권력의 문제나 민족 통일의 문제를 해결하는 과학적 방법이 될 수 없으며, 오히려 지배 권력을 옹호하고 민족 통일을 방해하는 부정적 역할을 하게 된다.

이와 같이 한국 철학계에서 광범위하게 유포되어 있는 황도 유교의 문제를 고려할 때, 앞으로 해야 할 철학적 작업은 한국의 전통철학이라고 해서 무조건 또는 교묘하게 옹호하는 기존 동양철학 연구자들의 구태의연한 관념적 사유체계와 형이상학적 방법을 체계적으로 철저히 비판하는 것이다. 그리고 더욱 중요한 것은 황도 유교의 관념적 사유체계와 형이상학적 방법에 맞서 지금 이 한국 사회의 정치/경제적 모순과 분단체제하의 민족 모순을 있는 그대로 정확하게 분석하고 그 모순을 비판적으로 극복할 수 있는 과학적 방법을 정립하는 일이다.

참고문헌

김석수, 『현실 속의 철학 철학 속의 현실』, 서울, 책세상, 2001.

김재현, 『한국 사회철학의 수용과 전개』, 서울, 동녘, 2002.

다카하시 도루, 『다카하시 도루의 조선유학사』, 이형성 역, 서울, 예문서원, 2001.

다카하시 도오루, 『조선의 유학』, 조남호 역, 서울, 소나무, 1999.

도원유승국박사화갑기념논문집간행위원회, 『동방사상논고』, 서울, 종로서적, 1983.

배종호, 『한국유학사』, 서울, 연세대학교 출판부, 1974.

성균관대 사회과학연구소 편, 『한국민족주의의 이상과 현실』, 서울, 대영문화사, 1989.

성균관대교사편찬위원회 편, 『성균관대학교 600년사－통사편』, 서울, 성대출판부, 1998.

심산사상연구회 편, 『김창숙문존』, 서울, 성균관대학교 대동문화연구원, 1989.

심재룡 외, 『한국에서 철학하는 자세들』, 서울, 집문당, 1986.

안병직 편, 『신채호』, 서울, 한길사, 1979.

양재혁, 『동양사상과 마르크시즘』, 서울, 일월서각, 1987.

열암기념사업회 편, 『박종홍 전집』 I－Ⅶ, 증보판, 서울, 민음사, 1998.

열암기념사업회 편, 『스승의 길』, 서울, 천지(일지사), 1998(1978).

열암기념사업회 편, 『현실과 창조』, 서울, 천지, 1998.

유승국, 『동양철학연구』, 서울, 동방학술연구원, 1983.

유승국, 『한국사상과 현대』, 서울, 동방학술연구원, 1988.

유승국, 『한국의 유교』, 서울, 세종대왕기념사업회, 1976.

윤사순, 『한국유학사상론』, 서울, 열음사, 1986.

이만규, 『조선교육사』Ⅱ, 서울, 거름, 1988.

이병도, 『한국유학사』, 서울, 아세아문화사, 1989.

전재호, 『반동적 근대주의자 박정희』, 서울, 책세상, 2000.

정범진, 『백 번 꺾어도 꺾이지 않은 민족의 자존』, 서울, 성균관대학교 출판부, 1995.

조동일, 『우리 학문의 길』, 서울, 지식산업사, 1993.

조선총독부, 『조선총독부관보』5권, 서울, 아세아문화사, 1985.

朝鮮學會 編, 『朝鮮學報』第14輯, 天理, 天理大出版部, 1959.

朝鮮學會 編, 『朝鮮學報』第48輯, 天理, 天理大出版部, 1968.

철학연구회 편, 『해방 50년의 한국철학』, 서울, 철학과 현실사, 1996.

최영성, 『한국유학사상사』Ⅰ-Ⅴ, 서울, 아세아문화사, 1994-1997.

한겨레신문사 편, 『발굴한국현대사인물』2, 서울, 한겨레신문사, 1992.

한국철학사상연구회 편, 『강좌 한국철학』, 서울, 예문서원, 1995.

한국철학회 편, 『한국철학의 쟁점』, 서울, 철학과 현실사, 2000.

현상윤, 『조선유학사』, 서울, 현음사(민음사), 1982(1949).

高橋 亨, 「王道儒道より 皇道儒道へ」, 『朝鮮』제295호, 京城(서울), 朝鮮總督府, 1939.

김재현, 「열암의 초기 철학」, 『박종홍 철학 비판』, 비판철학회 제1회 학술발표 자료집, 서울, 비판철학회, 2003. 12.

박종홍, 「철학하는 것의 실천적 기반」, 『철학』제2호, 경성(서울), 철학연구회, 1934. 4.

박종홍, 「철학하는 것의 출발점에 대한 일 의문」, 『철학』제1호, 경성(서울), 철학연구회, 1933. 7.

박치우, 「세대사관 비판」, 『신흥』제9호, 경성(서울), 신흥사, 1937. 1.

배종호, 「한국사상사에 있어서의 주리와 주기의 문제」, 『한국사상사학』제2집, 서울, 한국사상사학회, 1988.

손영식, 「사단 칠정 논변과 조선 유학의 흐름」, 『조선의 유학』, 서울, 소나무, 1999.

신남철, 「민족이론의 삼형태」, 『신흥』제7호, 경성(서울), 신흥사, 1932. 12.

신남철, 「신헤겔주의와 그 비판」, 『신흥』제6호, 경성(서울), 신흥사, 1932. 1.

신남철, 「인식, 신체와 역사」, 『신흥』제9호, 경성(서울), 신흥사, 1937. 1.

신남철, 「헤겔 백년제와 헤겔 부흥」, 『신흥』제5호, 경성(서울), 신흥사, 1931. 7.

신남철, 「헤라클레이토스의 단편어」, 『철학』제1호, 경성(서울), 철학연구회, 1933. 7.

신남철, 「현대철학의 Existenz에의 전향과 그것에서 생하는 당면의 과제」, 『철학』제2호, 경성(서울), 철학연구회, 1934. 4.

양재혁, 「박종홍과 그의 황국 철학」, 『박종홍 철학 비판』, 비판철학회 제1회 학술발표 자료집, 서울, 비판철학회, 2003. 12.

윤사순, 「고교 형의 한국유학관 검토」, 『한국학』제12집, 서울, 중앙대학교 한국학연구소, 1976.

윤사순, 「한국사상사에 있어서의 일제 잔재」, 『한국에서 철학하는 자세들』, 서울, 집문당, 1976.

이기동, 「'이조 유학사에 있어서의 주리파, 주기파의 발달'에 대한 분석」, 『동양철학연구』제12집, 서울, 동양철학연구회, 1991.

이남영, 「열암 철학 - 향내적 철학과 향외적 철학의 집합으로서의 한국철학」, 『해방 50년의 한국철학』, 서울, 철학과 현실사, 1996.

이형성, 「다카하시 도루의 조선 유학사 연구의 영향과 그 극복」, 『다카하시 도루의 조선유학사』, 서울, 예문서원, 2001.

전호근, 「사칠리기 논쟁 - 주희 심성론의 한국적 전개를 위한 최초의 갈등」, 『논쟁으로 보는 한국철학』, 서울, 예문서원, 1995.

조남호, 「역주자 해설」, 『조선의 유학』, 서울, 소나무, 1999.

조남호, 「조선에서 주기철학 가능한가」, 『논쟁으로 보는 한국철학』, 서울, 예문서원, 1995.

최영성, 「다카하시 도루의 한국 유학관 연구」, 『다카하시 도루의 조선유학사』, 서울, 예문서원, 2001.

최영진, 「조선조 유학사상사의 분류방식과 그 문제점 - 주리, 주기의 문제를 중심으로」, 『한국사상사학』제8집, 서울, 한국사상사학회, 1997.

홍윤기, 「박종홍 철학 연구」, 『역사비평』통권 55호, 서울, 역사문제연구소, 2001. 여름.

제 3 장

유교 윤리의 근대적 변형에 대한
비판적 고찰

— 박종홍(1903−1976)의 유교 윤리를 중심으로 —

제 3 장

유교 윤리의 근대적 변형에 대한

비판적 고찰[122][123]

— 박종홍(1903-1976)의 유교 윤리를 중심으로 —

요약문

　이 연구의 목적은 전통적인 유교 윤리가 국민 국가의 전체주의 윤리로 변형되는 문제점을 비판적으로 고찰하는 것이다. 이 연구는 특히 박

---

122) "이 논문은 2004년도 한국학술진흥재단의 지원에 의해 연구되었음."(KRF-2004-073-AM3009)

123) 논문 출처: 김원열·문성원, 「유교 윤리의 근대적 변형에 대한 비판적 고찰」, 『시대와 철학』제17권 1호, 한국철학사상연구회, 2006, 101-132쪽. 이 논문은 제1저자인 김원열과 연결저자인 문성원(부산대)과의 공동연구 결과물임을 밝혀 둔다.

종홍의 유교 윤리를 중심으로 한다. 그의 유교 윤리는 다음과 같은 특징이 있다. 첫째, 어린 시절 전통적인 유교의 세계관과 가치관은 그의 윤리관에 깊은 영향을 미쳤으며, 그는 평생 내면화된 유교 윤리를 지니게 되었다. 특히 중용사상을 바탕으로 한 경(敬) 윤리는 그의 윤리관의 핵심이었다. 둘째, 일제 강점기 그는 일본인 학자들에게 서양철학을 배우면서 전통적인 유교에 대해 근대적인 해석을 시도하였다. '중'(中)의 변증법이 그 대표적인 경우며, 유교 고전들 가운데『中庸』을 가장 중시하였다. 셋째, 해방 이후 1960년대 중반까지 재해석한 유교 윤리를 창조적인 논리로 해명하기 위해『中庸』과『周易』의 논리에 주목하였다. 넷째, 1960년대 중반부터 1970년대 중반까지 약 10년간 근대적으로 변형시킨 유교 윤리를 박정희의 영구집권을 정당화하고 독재를 옹호하는 전체주의의 지배 이념 아래 복속시켰다. 근대적으로 변형된 박종홍의 유교 윤리에서 가장 근본적인 문제는 당대 지배 권력에 대해 철저한 비판을 한적이 없다는 사실이다. 다시 말해 그는 민족과 국적을 불문하고 어떤 지배 권력이든 그 권력을 어쩔 수 없는 현실로 인정한 채 자신의 유교 윤리를 그 권력에 복속시킨 것이다. 그리고 그가 시도했던 전통 유교의 근대적 변형은 이론적으로도 성공하지 못했는데, 가장 중요한 원인들 가운데 하나는 방법론적으로 '절충주의'에 기반을 두었기 때문이다. 그런데 이러한 박종홍의 실천적 / 이론적 한계가 단지 그 자신에게 머문 것이 아니라 군부 독재가 진행되던 1980년대 중반까지 부당한 지배 권력에 빌붙어 그 권력을 합리화하는 데 자신의 학적 지식을 제공하고 이론적으로 절충적 방법을 유지한 철학자들이 계속 등장했던 것은 한국 철학계의 문제점을 명확히 보여준다. 따라서 오늘날 한국의 철학자들이 해야할 일은 바로 한국 철학계의 실천적 / 이론적 문제들을 철학의 대상으로 삼는 것이다.

주제분류: 사회철학, 비판철학, 유교윤리, 한국철학, 방법론
검색어: 박종홍, 유교, 윤리, 중(中), 독재, 민주주의, 민족주의, 제국주의

1절 글을 시작하며

이 연구의 목적은 전통적인 유교 윤리가 근대적으로 변형되는 과정에서 나타난 다양한 사상적 흐름들 가운데 특히 박종홍의 유교 윤리를 중심으로 전통적인 유교 윤리가 국민 국가의 전체주의적 윤리로 변형되는 문제점을 비판적으로 고찰하는 것이다.

19세기 지식인들은 대부분 유교의 윤리를 '익숙한 우리의 것'으로 여겼고, 서양 철학을 '낯선 타자의 것'으로 판단했다. 그런데 19세기 후반에 이르러 현실적으로 타자의 근대적 세계관이 압도적인 우위를 지닌 사회에서 기존의 유교적 가치관이나 신분적 규범의 권위는 급속히 무너지기 시작했다. 이에 따라 20세기로 전환되면서 지식인들은 이항대립적인 '전통과 근대'의 문제에서 '근대적 세계관' 특히 '사회진화론'에 보다 많은 관심을 기울이지 않을 수 없었다. 왜냐하면 지식인들에게는 현상적으로 사회진화론의 우승열패(優勝劣敗)가 당시 제국주의의 지나친 번성과 식민지의 비참한 상태를 설명할 수 있는 적합한 이론으로 보였기 때문이다.[124] 이 과정에서 전통적인 유교 윤리와 근대적인 서양 윤리의 불평등한 관계가 성립되었고, 그 첨예한 대립과 착잡한 갈등 속에서 유교적 지식인들은 전통적인 유교 윤리를 근대적으로 변형할 수밖에 없었다. 이 연구가 대상으로 하는 시기는 바로 20세기 전반부에 해당하는 일제 강점기와 해방 이후 그 후반부인 1960, 70년대의 특정 시기를 대상으로

---

124) 다음을 참조할 것. 김원열(2005), 「동북아시아 삼국의 근대성에 대한 비판적 고찰 ─ 근대 이행기 '전통과 근대'의 민족 문제를 중심으로 ─」, 『시대와 철학』제16권 3호, 한국철학사상연구회, 134 ─ 137쪽.

한다.

유교 윤리의 '근대적 변형'을 연구하기 위해서는 실제로 그 '변형'을 시도했던 구체적인 철학자의 유교 윤리가 필요한 것은 당연하다. 그런데 여기에는 두 가지 전제 조건이 충족되어야 한다. 하나는 전통적인 유교 윤리를 체화하여 주관적으로 유학자라는 자의식이 있어야 하고, 다른 하나는 전통적인 유교 윤리와 서양의 근대적인 윤리를 전문적으로 연구하여 객관적으로 유교 윤리를 '변형시킨' 사례가 있어야 한다. 20세기에 이 두 가지 조건을 갖춘 철학자는 어려서부터 유교 윤리를 몸으로 익히고 근대적인 학제를 통해 서양 철학을 전문적으로 연구한 유교적 지식인이어야 한다. 수많은 지식인들의 윤리관을 검토한 결과, 유교적 지식인이면서 경성제국대학을 나와 전문적인 철학 연구 및 강의에 종사했던 철학자들 가운데 박종홍(朴鍾鴻, 1903－1976)의 경우가 유교 윤리의 '근대적 변형'을 시도했던 대표적인 사례라는 사실을 확인하게 되었다.

아직까지도 동양철학과 서양철학이 분리되어 있는 한국의 철학계에서 박종홍은 독특한 위상을 차지하고 있다. 왜냐하면 일제 강점기에 전통적인 유교 윤리를 체화했던 그가 일본 학자들의 지도 아래 전문적인 서양 철학의 훈련을 거쳤으며, 생의 마지막까지 유교 윤리를 바탕으로 서양 철학 방법을 적용하여 한국의 새로운 윤리학을 수립하려고 했기 때문이다. 그래서 그를 칭송하는 대다수 철학 연구자들뿐만 아니라 그를 비판하는 철학 연구자들조차도 박종홍이라는 존재는 한국의 근현대 철학을 검토할 때 반드시 거쳐 가야 하는 철학자인 것이다. 이러한 현상은 그가 일제강점기부터 형성했던 인적 그물망과 긴밀한 연관이 있으며, 이론적으로 중요하게는 '전통 윤리'와 '근대 윤리'를 새롭게 재구성하려고 노력했던 한국 철학 연구자였던 것에 기인한다. 그런데 그의 윤리관에는 서양 윤리보다 유교 윤리 특히 중용의 윤리가 중추적인 역할을 하는 것이 특징적이다. 이 연구에서 박종홍의 유교 윤리 가운데 중용 윤리를 중요한 연구 대상으로 삼게 된 동기는 이러한 그의 이론적 특징에 있는 것이다.

박종홍은 오랜 기간 한국 철학계에 이론적으로나 실천적으로 큰 영향력을 행사했지만, 그의 철학이 본격적인 연구 대상이 된 것은 그리 오래되지 않았다. 예컨대 본격적인 연구는 열암기념사업회가 중심이 된 학적 작업 속에서 발견될 수 있는데, 그 작업은 1998년에나 가능하게 되었던 것이다.125) 이후 박종홍 철학에 대한 연구들이 활발하게 전개되어 연구의 양이 풍부해지고 질도 이전보다 향상되었다.126) 그런데 비판철학회는 2002년과 2004년에 걸쳐 박종홍 철학에 대한 비판적인 학적 작업을 전개하여 열암기념사업회와 근본적으로 다른 연구와 평가가 이루어졌다.127) 박종홍 철학을 긍정하든 부정하든 가장 중요한 것은 '결론을 뒷받침하는 논리적 근거가 얼마나 타당한가'다. 방법론의 측면에서 기존 선행연구들의 논리적 근거를 살펴보면 박종홍의 철학을 그의 삶과 분리하여 추상적으로 연구하는 경향이 지배적이었다.128) 그 결과 사회적 / 역사적 맥락을 놓친 채 박종홍의 글을 자의적으로 해석하는 오류를 범하기도 하였다. 그러나 나는 한 인간의 철학은 그의 사회적 삶과 매우 유

---

125) 최초로 나온 연구 성과들은 '열암기념사업회 편(1998), 『현실과 창조』1, 천지'에 실려 있다. 이어서 열암기념사업회는 2001년 『현실과 창조』2를, 2003년에는 『박종홍 철학의 재조명』(『현실과 창조』3)을 출간하여 박종홍 철학을 대상으로 연구를 진행하고 있다.

126) 2004년 여름 서울대에서 박종홍 철학에 대한 최초의 철학박사 학위논문인 「열암 박종홍의 철학사상 ─ 천명사상을 중심으로 ─」가 나오게 되었다. 이 논문은 단행본으로도 출간되었다. 다음을 참조할 것. 이병수(2005), 『열암 박종홍의 철학사상에 대한 연구 ─ 천명사상을 중심으로 ─』, 한국학술정보.

127) 비판철학회는 박종홍 철학에 대한 비판적 연구 성과들을 2002년 '『박종홍 철학 비판』, 도서출판 심산문화'에 실었고, 2004년 '『황도 유교 비판』, 비판철학회'를 통해 박종홍의 유교 윤리를 비판하여, 열암기념사업회와는 다른 차원에서 비판적 연구를 수행하고 있다.

128) 이러한 연구들의 문제는 "우리는 한국의 현대 사상사에서 열암을 세계적인 철학자로 자랑하고자 한다."는 열암기념사업회의 선언적 언명과 무관하지 않다. 참조. 열암기념사업회 편(1998), 『현실과 창조』1, 천지, 3쪽. 또한 박종홍을 '민족혼을 불러일으킨 애국적 지성'으로 평가하는 우상화식 연구도 사회역사적 맥락을 생략한 평가다. 다음을 참조할 것. 이남영(1996), 「열암 철학 ─ 향내적 철학과 향외적 철학의 집합으로서의 한국철학」, 『해방 50년의 한국철학』, 철학과 현실사, 11쪽.

기적인 연관이 있으며, 그 유기적 특징을 체계적으로 규명하는 것이 학적으로 매우 의미 있는 작업이라 생각한다. 따라서 이 연구에서는 박종홍의 철학적 담론을 다루면서 집필 당시의 사회적 / 역사적 의미 맥락에 주목하여, 비교의 방법을 통해 그의 담론을 비판적으로 분석할 것이다.

2절 타자의 지배 권력과 자아의 유교 윤리

사상적 전통들 가운데 어린 시절 박종홍의 윤리관에 가장 큰 영향을 미친 것은 조선 유교의 전통이었다. 그래서 그의 윤리적 사유 방식에는 전통적인 유교 윤리가 짙게 깔려 있으며 선행연구들 가운데 이러한 인식이 확대되고 있다.129) 문제는 일제 강점기에 일본식으로 근대적인 교육을 받으면서 그 유교 윤리가 구체적으로 어떻게 변형의 과정을 거쳤는가이다. 그런데 전통적인 유교의 근대적 변형은 단지 박종홍의 전통에 대한 인식의 변화만을 의미하는 것이 아니라, 그가 근대를 인식하는 방식과 긴밀한 연관이 있다. 따라서 박종홍의 담론 속에서 전통적인 유교 윤리가 근대적인 서양 윤리가 만나는 지점과 그 만남을 해결하는 방식을 규명하는 연구가 필요하다.

박종홍에게 전통은 어떻게 인식되고 있는가? 한국의 전통적 사유들 그의 가치관에 매우 큰 영향을 미친 것은 조선 유교의 전통이었다. 예를

---

129) 소광희는 박종홍을 '철저한 유학자'로 보고 있으며, 이동준은 박종홍 철학을 '실천 유학'의 관점에서 바라본다. 다음을 참조할 것. 열암기념사업회 편(2003), 『박종홍 철학의 재조명』(『현실과 창조』3), 천지, 6쪽과 51 - 61쪽.

들어 그는 기초적인 한문을 집에서 익혔고 서당에서 그 과정은 계속되었다.[130] 그래서 젊은 시절부터 그의 윤리적 사유에는 전통적인 유교 사상이 짙게 깔려 있는 것이다. "나는 젊어서부터 『中庸』은 儒敎哲學의 槪論이요, 『周易』의 經文은 그 各論이요, 十翼은 그에 대한 解說이라고 보고 있다."[131] 훗날 그는 대구고등보통학교 교사로 한문을 가르칠 때를 회상하며 다음과 같이 글을 남겼다. "한문은 교과서대로 하였으나, 나 자신은 우리나라 역사에 관한 것과 더불어 유학의 고전을 철학적으로 해석하는 데 흥미를 느끼고 있었다."[132] 유학의 고전들 가운데 그가 지속적인 관심을 가지고 연구한 것은 『中庸』과 『周易』이며, 그가 특히 좋아한 것은 『중용』이고, 전통적인 유교 사상들 가운데 가장 관심을 기울인 것은 바로 중용의 사상이다. 그래서 그는 『중용』에 대해 과학적인 고증의 문제에 대해서는 관심이 없고, "現行되고 있는 『中庸』을 있는 그대로 받아들여 그것으로써 좋아하는 것이다."[133]라고 한다. 그리고 그는 '허두에서부터 <天命之謂性>이라고 어마어마한 姿勢의 글'을 담고 있는 『중용』을 '하늘에서 시작되어 하늘로써 결론을 지은 것'으로 이해한다.[134] 이와 같이 그가 『중용』을 대하는 기본적인 태도는 매우 익숙한 것이자 거의 준종교적인 성격을 지닌 것이었다.

박종홍은 이 중용의 사상을 자신의 철학에서 핵심적인 것으로 만들었다. 일찍이 일제 강점기에 그는 이황(李滉; 1501-1570)의 교육 사상이 윤리를 교육의 목적으로 두고 있다고 보고, 교육 이상인 지선(至善)이

---

130) 열암기념사업회 편(1998), 「지나온 날의 주변에서」(1967.8.20), 『박종홍 전집』Ⅵ, 증보판, 민음사, 275쪽.
131) 열암기념사업회 편(1998), 「중용의 사상」(1965.11.10), 『박종홍 전집』Ⅱ, 증보판, 민음사, 552쪽.
132) 열암기념사업회 편(1998), 「독서회상-내가 철학을 하기까지」(1961.12.30), 『박종홍 전집』Ⅵ, 증보판, 민음사, 272쪽.
133) 열암기념사업회 편(1998), 「중용의 사상」(1965.11.10), 『박종홍 전집』Ⅱ, 증보판, 민음사, 541쪽.
134) 열암기념사업회 편(1998), 「중용의 사상」(1965.11.10), 『박종홍 전집』Ⅱ, 증보판, 민음사, 541-542쪽.

중용(中庸)과 다른 것이 아니라고 서술하며, 궁극적으로 이황의 경(敬) 사상을 부각시키고 있다.[135] 이와 같이 그에게 전통적인 유교 윤리는 매우 익숙한 윤리관이었으며, 본격적인 서양철학 연구를 하기 전에 이미 전통적인 윤리관을 체화하고 있었고 보는 것이 타당하다. 그래서 평소 자신의 주장을 명확하게 하지 않는 그이지만 중용에 대해서는 다음과 같이 확신한다. "나는 그리하여 東洋儒敎哲學의 骨子가 中庸思想에 있다고 確信하고 있는 사람이다."[136] 따라서 박종홍이라는 자아의 핵심에는 유교 윤리 특히 중용사상이 굳건히 자리잡고 있으며 그를 유교적 지식인이라고 보는 것은 타당할 수밖에 없다.

과거에는 일제 강점기 박종홍의 친일 문제에 대해서 분명하지 않은 점이 많았다. 박종홍 자신이 그것을 솔직하게 이야기하거나 반성한 적이 없고, 오히려 해방 이후에 과거를 회상하면서 자신을 마치 민족주의적 성향이 강한 사람처럼 묘사했기 때문에 기존 선행연구에서는 그를 민족주의자로 규정하곤 했다. 그런데 일제 강점기에 그는 정말 민족주의자였는가? 다시 말해 일제 강점기에 그가 압도적인 타자의 지배 권력에 맞서 독립운동을 전개한 민족주의자였는가? 이 문제는 반드시 규명해야 할 연구 과제이기에 박종홍의 친일 문제를 본격적으로 거론하고자 한다.

선행연구자들은 박종홍의 민족의식을 입증하는 근거로 흔히 3·1운동의 독립만세 운동을 거론하곤 한다.[137] 박종홍 자신의 구술로 이루어진 것이지만, 그 내용을 살펴보면 17살 때 3·1운동에 참여하였는데 그 운동을 주도하거나 그전에 투철한 민족의식이 있어서 참여한 것이 아님을

---

135) 열암기념사업회 편(1998), 「퇴계의 교육사상」(1928.3.25), 『박종홍 전집』I, 증보판, 민음사, 131-132쪽.

136) 열암기념사업회 편(1998), 「중용의 사상」,(1965.11.10) 『박종홍 전집』II, 증보판, 민음사, 552쪽.

137) 선행연구들 가운데 박종홍 철학을 민족주의 철학으로 파악하는 김석수, 김재현, 홍윤기 등에 대한 비판적 고찰은 다음을 참조할 것. 김원열(2004), 「황도 유교의 사유체계와 방법론적 문제점에 대한 비판」, 『황도 유교 비판』, 비판철학회 제2회 학술발표회 자료집, 비판철학회, 25쪽.

알 수 있다. 그리고 일제에 의해 3주간의 구류 생활 속에서 그는 감성적
인 민족감정이 생성되어, "우리, 우리 민족! 우리는 민족이다. 이때부터
비로소 나는 민족이라는 것을 생각 아니 할 수가 없게 되었다. 민족, 우
리 민족이 안타깝게도 알고 싶어졌다."[138]고 한다. 그런데 그 감성적인
분노 차원의 민족감정이 일제의 지배 권력에 대항하는 구체적 실천으로
이어지지 않은 것은 무슨 이유 때문인가? 그가 직접 언급한 '우리 민족'
에 대한 자각과는 달리 그가 일제의 식민 지배 체제에 동화되는 이 모
순된 현상은 어떻게 설명할 수 있는가? 만약 그가 민족주의자라면 타자
인 일본 민족에 대항해 조선 민족의 이익을 가장 우선시하는 이론을 전
개해야 할 것이고, 그가 일본 제국주의에 봉사했다면 친일 반민족행위자
로 규정해야 할 것이다. 이론적으로 이 문제를 규명하기 위해서는 좀 더
그의 삶과 철학을 조망할 필요가 있다.

일제 강점기 구체적으로 1928년 박종홍은 대구고등보통학교 교사로
활동하면서 일본어로 쓴 「퇴계의 교육사상」을 『경북의 교육』이란 잡지
제6호에 발표한다. 그는 일제 강점기라는 현실 속에서 다음과 같이 경
(敬)의 윤리를 언급한다. "現代教育에 있어서 그 무엇보다도 看過되고
있는 盲點은 退溪로서 볼 때 敬의 缺如에 있다고 할 것만 같다."[139] 그
가 이황의 사상을 통해 '경의 결여'를 일제 강점기 교육의 문제점으로
파악한 것은, 식민지 교육에 '경' 윤리가 필요하다는 것을 간접적으로
주장한 것이다. 여기에는 일제의 폭압에 맞서 적극적으로 민족의 이익을
옹호하려는 민족의식을 찾아볼 수 없다.

그 이듬해인 1929년 박종홍은 27세의 나이로 경성제국대학의 법문학
부 철학과에 선과생으로 입학한다. 당시 경성제국대학은 조선총독부의
고등교육정책을 대변하는 교육기관으로 입학생은 엄격한 연좌제의 사상

---

138) 열암기념사업회 편(1998), 「나와 우리」(1961.12.30), 『박종홍 전집』Ⅵ, 증보
판, 민음사, 319쪽.
139) 열암기념사업회 편(1998), 「퇴계의 교육사상」(1928.3.25), 『박종홍 전집』Ⅰ,
증보판, 민음사, 152쪽.

적 검열을 거쳐야 했던 것은 주지의 사실이다.140) 다시 말해 경성제국대학은 조금이라도 조선의 독립과 연관된 민족의식에 투철한 사람에게는 출입금지구역이었던 것이다. 그렇다고 경성제국대학의 재학생들이 모두 친일파라는 것은 아니다. 왜냐하면 아주 드물긴 해도 그 대학을 나와 민족 독립에 헌신한 사람도 있기 때문이다.141) 중요한 것은 그 대학에서의 활동과 그 이후의 삶이 어떠했는가이다. 그런데 박종홍의 경우 경성제국대학 재학 시절 정확히 어떤 활동을 했는지 구체적으로 알 수 없고, 다만 대학을 졸업하고 대학원에 다니면서 학적 작업을 계속하다가 일본이 중국과 전쟁을 일으킨 1937년 마침내 이화여자전문학교의 교수가 된다.

그로부터 2년 뒤인 1939년 박종홍은 『인문평론』에 「現實把握」이라는 매우 의미심장한 글을 발표한다. 그는 이 글에서 당시의 현실을 다음과 같이 설명하고 있다. "일상적 현실 자체의 모순에 눈을 가리고 自暴自棄의 安逸을 탐닉함으로써 일시적으로나마 괴로움을 잊어 보려는 世人의 심사도 무리하다고는 할 수 없다. 弱者가 그 극단적인 상극의 힘찬 돌파를 감행할 용기가 없이 비약적이어야 할 최고의 찰나에 일보 못 미쳐 그만 적의 관문 앞에 굴복한 채로 바로 퇴폐의 千仞絶壁을 거꾸로 떨어지고 마는 아슬아슬한 순간이다. 百尺竿頭 進一步란 未嘗不 이때의 死鬪를 말함이리라. 이때에 전개되는 死鬪야말로 現實把握의 往路와 退路 아닌 진정한 凱旋으로서의 歸路가 전환하는 긴장된 계기이다. 여기에 우리의 騎士, 現實把握의 主體의 면목이 躍如하게 빛나는 것이다."142) 여기서 그는 '적의 관문', '사투', '개선', '기사' 등의 용어를 사용하여 전반적으로 중일 전쟁의 현실 한가운데 놓인 전시 상황을 묘사하

---

140) 이만규(1988), 『조선교육사』II, 거름, 252-253쪽.
141) 신남철(申男澈; 1907-1958?), 박치우(朴致祐; 1909-1949), 김태준(金台俊; 1905-1950)의 경우가 대표적이다. 다음을 참조할 것. 김원열(1988), 「황도 유교의 사유체계와 방법론적 문제점에 대한 비판」, 『황도 유교 비판』, 비판철학회 제2회 학술발표회 자료집, 비판철학회, 25-26쪽.
142) 열암기념사업회 편(1998), 「현실파악」(1939.12.1), 『박종홍 전집』I, 증보판, 민음사, 428쪽.

고 있는 것이다.

그리고 박종홍은 '자력, 타력'을 초월한 절대의 유무 상전하는 '힘'을 <中>이라 명명한다. "그러면 이 現實把握의 往路와 退路의 비약적 전환이라는 긴중한 계기에 임하여 자력, 타력을 초월한 절대의 유무 相轉하는 힘을 어디서 찾으면 可할 것인가. 나는 이것을 동양 재래의 술어 용법을 본받아 <中>이라고 명명하고 싶다. 사람들은 소위 絶對辨證法에 있어서의 絶對無를 곧 연상도 하리라. 有의 否定으로서의 無를 다시 否定한다고 하는 絶對無는 否定의 시간적 선후가 있는 것같이 오해되기 쉬운 만큼 유무 상전의 동시성을 힘차게 파악치 못하는 약점이 있다. 有의 부정이 끝나는 곳에 無의 否定도 끝나기 때문에 有卽無인 것이요, 이것이 나는 <中>의 특이한 점이라고 생각한다. 소위 모순적 자기 동일의 근본 초점은 이 <中>에 있는 것이다. <中>은 너무나 범속화된 계산에 있어서 해석되었고 따라서 가장 비난의 대상이 되었던 것도 사실이다. 그러나 哲學的인 근원성에 있어서 응당 문제되어야 할 깊이를 가지고 있는 <中>이다."143) 이와 같이 '중'의 모순적 자기 동일의 근본 초점을 설명한 뒤, 그는 '현실파악의 길'을 힘차게 외친다.

"現實把握의 길! 그것은 일상적 현실이 구체적 실천을 매개로 자각하는 과정이요, 문화의 창조를 위한 투쟁이요, 국가의 건설을 위한 聖戰이다."144)

여기서 박종홍은 분명히 '국가의 건설을 위한 성전(聖戰)'이라고 표현한다. 1939년경 '국가의 건설'과 '성전'은 어떤 의미가 있는 것일까? 만약 그 국가가 일제의 지배로부터 조선이 독립하는 새로운 독립국가라면, 그리고 성전이 일제에 맞서 싸우는 독립전쟁이라면 그는 명실상부한 민족주의자라고 할 수 있을 것이다. 한 번 자세히 이 문제를 살펴볼 필요가 있다. 1939년을 전후해서 일본 제국주의는 자신을 중심으로 만주국과

---

143) 열암기념사업회 편(1998), 「현실파악」(1939.12.1), 『박종홍 전집』Ⅰ, 증보판, 민음사, 431쪽.

144) 열암기념사업회 편(1998), 「현실파악」(1939.12.1), 『박종홍 전집』Ⅰ, 증보판, 민음사, 432쪽.

중국을 포괄하는 공영권을 폭력적인 방식을 통해 새로운 '국가 건설'로 이어가던 전시 상황이다.145) 그리고 일본 조선총독부의 직접 지배하에서 '국민정신총동원 조선연맹'이 '성전'을 외치던 시기다.146) 그래서 친일파인 방응모(方應謀; 1890-?)는 '동아 신질서 건설을 완성시켜 나가는 데 일단의 노력을 더할 것'을 다짐하고, '이 성전(聖戰)이 완수되기까지 은인자중, 멸사봉공의 희생적 정신으로 나가야 할 것'을 주장한 것이다.147) 그런데 방응모뿐만 아니라 당시 친일파들은 대부분 동아시아 공영권의 새로운 '국가 건설'과 중일 전쟁 이후를 '성전'이라 부르고 있다. 결정적으로 대표적인 친일파인 오카모토 미노루(岡本實), 즉 박정희(朴正熙; 1917-1979)가 1942년 만주의 신경군관학교를 수석으로 졸업하면서 다음과 같이 선서한 것은 '성전'의 의미를 분명히 밝혀준다. "대동아공영권을 이룩하기 위한 성전(聖戰)에서 나는 목숨을 바쳐 사쿠라와 같이 훌륭하게 죽겠습니다."148) 당시 대동아공영권과 같은 새로운 '국가 건설'이나 침략전쟁인 '성전'을 외친다는 것은 일제의 침략전쟁에 적극적으로 동조하는 반민족 행위였던 것이다. 이런 점에서 볼 때 박종홍이 '국가의 건설을 위한 성전'이라고 한 것은 일제 특히 조선총독부의 전시 정책에 동조한, 명백한 친일 행위인 것이다.

또한 박종홍은 1940년 5월 28일 조선일보에 「현대가 요구하는 신윤리 <결단>의 시대-전환기를 뚫고 나가는 힘」이라는 글을 발표하여, 일제가 초래한 혼란과 위기의 식민지 상황에서 사람들에게 윤리적 결단을 내릴 것을 촉구한다. "將次 展開될 새 秩序에 對한 아득한 憧憬 乃至 暗中摸索만을 耽할 수 없게 되고 乃終은 如何間에 卽席의 解決이 要求되고 있다."149) 여기서 언급하는 '새 질서'가 무엇을 의미하는 것일까?

---

145) W. G. 비즐리(2000), 『일본근현대사』, 장인성 옮김, 을유문화사, 314-320쪽.

146) 이중연(2003), 『황국신민의 시대』, 혜안, 87, 92쪽.

147) 정운현(1999), 『나는 황국신민이로소이다』, 개마고원, 199쪽.

148) 반민족문제연구소 편(1994), 『청산하지 못한 역사』Ⅰ, 청년사, 25쪽.

149) 열암기념사업회 편(1998), 「현대가 요구하는 신윤리 <결단>의 시대-전환기를 뚫고 나가는 힘」(1940.5.28), 『박종홍 전집』Ⅰ, 증보판, 민음사, 422쪽.

비슷한 시기 친일파인 방응모의 경우에서와 마찬가지로 유진오(兪鎭午; 1906-1987)가 쓴 글을 살펴볼 필요가 있다. "어느덧 성전(聖戰) 만 3주년을 맞이하게 되었습니다. ……(중략)…… 사변은 지금 단순히 장(將) 정권 타도라고 하는 소극적인 것이 아니라 동아 신질서의 건설이라는 적극적인 것을 목표로 삼게 되었습니다."[150) 여기서 알 수 있듯이 '새 질서' 또는 '신질서'는 일본 제국주의를 맹주로 하는 '대동아공영권', 즉 '동아시아의 신질서'를 의미하고 있는 것이다. 이어서 그는 결단을 촉구한다. "決斷, 이것이 곧 現代가 要求하고 있는 倫理라고 나는 생각한다." 여기서 말하는 결단은 무엇인가를 결정하라는 것인데 그것이 무엇인가? 좀 더 내용을 살펴보면 그는 "人間的 存在로서의 全面的 努力이 凝結되는 때에 決斷이 비로소 거기에 뚜렷이 屹立한다고 본다."고 하여 결단의 구체화 과정을 언급한다. 그리고 결단을 구체적으로 충족시키기 위해서는 양지와 의지뿐만 아니라 체력까지 요구된다고 한다. "現代의 倫理는 決斷을 要求하기 때문에 다시금 날카로운 良知와 아울러 억센 意志를 要求한다. 決斷의 具體的 現成을 爲하여서는 씩씩한 體力이 또한 要求된다." 그렇다면 이것은 대동아공영권의 신질서를 위해 몸 바쳐 싸우는 그런 결단이 아닌가? 다시 말해 대동아전쟁에 지원병으로 참여하는 결단과 다름이 없는 것이다. 그는 결론 맺기를 "母胎를 박차고 나올 新生兒의 얼굴이 그리울수록 現代가 要求하는 것은 決斷의 倫理다."[151)라고 하였다. 여기서 알 수 있듯이 그는 대동아공영권이라는 '새 질서'를 위해 실천적인 결단을 내리는 것을 현대의 윤리적 차원으로까지 고양시킨 것이다.

1940년경 야마기 카쓰란(天城活蘭), 즉 김활란(金活蘭; 1899-1970)이 교장으로 있던 이화여자전문학교의 교수로 생활하면서 박종홍이 구체적

---

150) 반민족문제연구소 편(1994), 『청산하지 못한 역사』3, 청년사, 38쪽에서 재인용.
151) 열암기념사업회 편(1998), 「현대가 요구하는 신윤리 <결단>의 시대-전환기를 뚫고 나가는 힘」(1940.5.28), 『박종홍 전집』I, 증보판, 민음사, 423쪽.

으로 어떻게 처신을 했는지 자세히 살펴볼 만한 것이 별로 없다. 다만 그의 제자였던 김옥길의 회고는 참고할 만하다. 이화여전에서 학생들이 일본인 교수에 대해 '백지동맹'을 전개할 때 학생들을 타이르고자 박종홍이 교실에 들어와서는, "아무 말씀도 없으셨나이다. 잘했다, 잘못했다 하지도 않으시고 그저 멀리 창 밖을 내다보시며 수심에 가득 차 계시던 그 모습!"152) 객관적으로 볼 때 박종홍은 자신의 모호한 태도를 유지하여 결과적으로 학생들의 백지동맹의 철회에 일정한 기여를 한 셈이다. 이러한 사건만 놓고 본다면 그의 모호한 처신을 반민족적인 친일파로 규정지을 수는 없다.

그런데 1944년 조선총독부의 전시 정책에 따라 다른 전문학교와 마찬가지로 이화여전도 폐교되는 일이 발생하였다. 그리고 얼마 안지나 박종홍은 1944년 7월 조선총독부 학무과 촉탁(囑託)으로 임명되어 1945년 6월까지 정확히 1년간 조선총독부의 식민통치에 봉사하는 친일이자 반민족의 길을 걷게 된다. 이와 같이 조선총독부와의 관계가 사실은 새로운 것이 아니다. 왜냐하면 그는 이미 1934년 조선총독부 기관지인 매일신보에 글을 실을 정도로 일본이 신뢰하는 학자였기 때문이다.153) 다만 조선총독부 촉탁의 경우 구체적으로 어떤 일을 어떻게 수행했는지 그 자신이 말을 한 적이 없기 때문에 '촉탁'의 의미를 다른 사람의 사례를 통해 살펴볼 필요가 있다. 예를 들어 친일파 이능화(李能和; 1869-1943)가 조선총독부의 조선사편찬위원회에서 반민족적인 역사왜곡에 동참할 때 그는 집필을 담당한 촉탁을 맡았다.154) 다시 말해 조선총독부의 촉탁은 전문성을 필요로 하는 특별 직책이자 반민족 행위자들이 누린 친일적 특혜라고 할 수 있다. 따라서 박종홍이 조선총독부의 촉탁 일을 맡은 것

---

152) 열암기념사업회 편(1998), 「조사」, 『스승의 길』, 천지, 116쪽.
153) 박종홍은 1934년 1월 1일부터 「매일신보」에 여섯 차례에 걸쳐 '현대철학의 동향'을 싣고 있다. 다음을 참조할 것. 열암기념사업회 편(1998), 「현대철학의 동향」(1934.1.1), 『박종홍 전집』I, 증보판, 민음사, 356-365쪽.
154) 반민족연구소 편(1993), 『친일파 99인』2, 돌베개, 244쪽.

은 부인할 수 없는 명백한 친일 행위이며, 그를 진정한 의미의 민족주의 자로 규정할 수 없고 오히려 반민족 행위자로 봐야 하는 이유가 바로 여기에 있는 것이다.

지금까지 살펴본 바와 같이 박종홍이 일제 강점기 지배 권력에 매우 순응적이었다는 사실은 그의 삶과 철학에서 모두 잘 나타난다. 가장 큰 문제는 그의 감성적인 민족의식이 거대한 지배 권력 앞에서 더 이상 발 전하지 못하고 오히려 반민족적인 친일 행위로 이어진다는 점에 있다. 그런데 박종홍이라는 자아의 유교 윤리가 타자의 지배 권력에 대해 순 응하는 태도는 해방 이후에도 계속 이어진다. 예를 들어 박종홍은 해방 이후 미군정 권력, 이승만 독재 권력, 박정희 독재 권력을 그 당시에 철 저히 비판한 경우가 없었으며, 오히려 그 압도적인 타자의 지배 권력에 순응하여 민족의 이익을 배제하고 독재 권력 체제를 옹호하는 데 매우 성실한 삶의 태도를 유지했던 것이다.

3절 변증법의 부정(Negation)과 유교의 중용(中庸)

박종홍은 일제 강점기 일본식으로 초중등 및 대학 교육을 받는 동안 철학적 문제의식이 생겼지만, 그는 어린 시절부터 유교 윤리 특히 중용 사상에 깊은 영향을 받고 중용사상에 대해 계속 철학적 관심을 지녔던 것이 보다 정확한 사실이다. 그런데 그는 단지 전통적인 유교 사상의 핵 심인 중용에만 매달린 것이 아니라 일본인 학자들이 변형시킨 서양 철 학을 학습하게 된다. 예를 들어 그가 경성제국대학에 다니기 전부터 서양 철학 관계 서적으로 집중한 것은 타카야마 초규(高山樗牛; 1871 - 1902)와 니시다 키타로(西田幾多郎; 1870 - 1945) 등의 책들이다.155) 그 일본인들의 저서는 박종홍의 서양 철학 이해 구체적으로 헤겔 철학, 실존 철학, 그리고 마르크스 철학의 이해에 영향을 미친 것이 사실이다.156) 그래서 그는 니시다가 '감정은 감각에 비해서 일층 고차적인 의식'이라고 주장한 것에 대해, '우리의 감정이란 이 주체로서의 자기의식'이라고 보았다.157)

또한 니시다의 제자인 미키 기요시(三木淸; 1897 - 1945)의 경우도 박종홍에게 큰 영향을 미쳤다. 미키 기요시의 현실과 행위에 관한 변증법적 이해는 박종홍에게 중요한 방법론적 단서를 제공해 준다. 예를 들어 미키 기요시는 '현실은 철학의 출발점이고 거기서 철학은 일어나는 것'158)이라고 하고, "철학은 현실에서 일어나서 어떤 다른 데로 가는 것이 아니라 언제나 현실로 되돌아온다."159)라고 했을 때, 박종홍은 그러한 변증법적 인식을 '부정성'(Negation)으로 포착하여 "부정성은 산 것이다. 自己否定이 可能한 것은 산 것이기 때문이다. 否定性이 있기에 生이 있다."160)라고 하였다. 그래서 미키 기요시와 박종홍의 철학은 매우 유사한 특성을 공유하게 된다. 이러한 점에서 "인간의 행위를 설명하는 방식에서도 양자는 유사성을 보이고", "철학의 학문적 성격에 대한 이해에서도 양자는 일치하고 있다."161) 그렇다고 해서 미키 기요시와 박종홍의

---

155) 열암기념사업회 편(1998), 「독서회상-내가 철학을 하기까지」(1961.12.30), 『박종홍 전집』VI, 증보판, 민음사, 264 - 269쪽.
156) 이병수는 초기 열암철학의 형성과정에 영향을 미친 대표적인 철학으로 '실존철학, 마르크스주의 철학, 전통철학'으로 파악하고, 가장 큰 영향을 미친 것은 '전통철학 특히 유학'으로 보고 있다. 참조. 이병수(2005), 『열암 박종홍의 철학사상 — 천명사상을 중심으로 —』, 한국학술정보(주), 68 - 90쪽.
157) 열암기념사업회 편(1998), 「심리학의 입장에서 본 심미적 감정의 우위」(1927.3.1), 『박종홍 전집』I, 증보판, 민음사, 108쪽.
158) 미키 기요시(1940), 『철학입문』, 지명관 역, 소화, 12쪽.
159) 미키 기요시(1940), 『철학입문』, 지명관 역, 소화, 14쪽.
160) 열암기념사업회 편(1998), 「부정에 관한 연구」(1960.9.30), 『박종홍 전집』III, 증보판, 민음사, 677쪽.

철학이 완전히 동일한 것은 아니다. 특히 중용에 대해서는 두 사람이 공통점뿐만 아니라 차이점도 나타난다. 예컨대 미키 기요시는 다음과 같이 중용을 파악하고 있다. "중용은 하나의 중요한 덕일 뿐만 아니라 오히려 모든 덕의 근본적인 모습이라고 생각되어 왔다. 이러한 관점을 파괴한 데에 성공 모럴의 근대적 새로움이 있다."[162] 여기서 그는 중용을 과거의 전통적인 도덕의 대표적인 형태로 보고 그것이 붕괴되는 것을 사실적으로 인식하고 있는 것이다. 그렇다면 박종홍은 중용을 어떻게 파악하고 있는가? 박종홍은 미키 기요시와 마찬가지로 중용의 윤리적 중요성에 대해 인식하면서도, 미키 기요시와 달리 중용사상의 현재적 가치로 "그 中庸의 思想은 오늘의 西洋에 있어서 무엇보다도 重要視되고 있음을 본다."고 인식하며 그 구체적 사례로 토인비의 경우를 거론한다.[163]

그런데 박종홍의 중용사상에서 의미 있는 것은 그 서양철학의 부정의 변증법을 규명하면서 중용사상을 새롭게 해석하고 있다는 점이다. 그가 어려서부터 중용사상에 대해 인식한 방법은 『중용』을 문헌 그 자체로 이해하는 매우 전통적인 방식이었다. 그런데 일본인 학자들에 의한 서양철학의 훈련을 거친 이후에는 변증법과 연관하여 중용사상을 새롭게 해석하게 되었다. 예컨대 그는 조선시대 사단칠정론(四端七情論)을 검토하는 과정에서 '중'(中)을 현대철학의 부정의 변증법과 연관시키고 있다.[164] 여기서는 오히려 '절대무'보다 '중'의 변증법적 의미를 더욱 높게 평가하고 있다는 점이 특징적이다.

해방 이후 그는 부정성에 대해 좀 더 세밀한 연구를 진행하여 4·19 혁명이 일어난 1960년에 「부정에 관한 연구」로 박사학위를 받는다. 이

---

161) 이병수(2005), 『열암 박종홍의 철학사상 — 천명사상을 중심으로 —』, 한국학술정보(주), 113쪽.
162) 미키 기요시(2003), 『생』, 이동주 역, 아침바다, 100쪽.
163) 열암기념사업회 편(1998), 「중용의 사상」(1965.11.10), 『박종홍 전집』 II, 증보판, 민음사, 552쪽.
164) 열암기념사업회 편(1998), 「현실파악」(1939.12.1), 『박종홍 전집』 I, 증보판, 민음사, 431쪽.

논문에서 그는 "人性을 天命之性으로 살리어 보는 것은 儒敎다. 中庸에 있어서의 天下之大本인 未發之中은 無聲 無臭의 至極한 것이었다. 나는 이 未發之中을 否定性이라고 본다. 否定性이기에 未發之時에 無聲 無臭인 것이요, 否定性이기에 發하게 되는 것이다."[165]라고 한다. 논문의 본론에서 다양한 서양철학의 부정성을 나열한 다음, 그것과 연관하여 결론에서 유교의 중용사상에서 핵심인 미발지중(未發之中)을 대표적인 변증법적 부정성으로 제시하는 것이다. 그리고 4·19 혁명이라는 시대적 분위기를 반영한 듯, 그는 자유와 방종에 대해 "이러한 否定性의 自覺으로써 올바른 肯定이 可能한 것이요, 그것이 다름 아닌 自由다. 否定性을 自覺 못한, 肯定을 爲한 肯定에 사로잡힌 것이 곧 放縱이다."[166]라고 하며, 예수의 죽음과 공자의 극기복례라는 인의 실천 "모두가 否定性으로서의 天命의 實現임이 틀림없다."[167]고 확신한다.

이론적 측면에서 볼 때 박종홍은 유교 윤리의 핵심으로 중용을 강조하면서 그것을 서양 철학의 부정(Negation)과 함께 거론하고 있으며, 중용의 미발지중(未發之中)을 부정성으로 재해석하고 있는 것이 특징적이다. 흔히 전통적인 유교 윤리의 대표적인 문헌으로 일컬어지는『중용』은 역사적으로 볼 때『예기』의 일부분이었다가 12세기 남송대에 이르러 정이(程頤; 1033-1107)의 설을 수용한 주희(朱熹; 1130-1200)가 새롭게 편집하여 사서(四書)로 편입시킨 책이다. 박종홍이 중용사상을 언급할 때 그 내용은 가장 기초적인 유교 윤리를 되풀이한 것이지만, 그의 새로운 점은 그 '중용'을 서양의 부정(Negation)과 연관짓고, 오히려 그 부정 변증법보다 우위에 '중용'을 자리매김한다는 점이다. 그런데 여기에는 두 가지 문제가 있다. 하나는 박종홍이 내세우는 '중용'의 '미발지중'이

---

165) 열암기념사업회 편(1998),「부정에 관한 연구」(1960.9.30),『박종홍 전집』III, 증보판, 민음사, 684쪽.

166) 열암기념사업회 편(1998),「부정에 관한 연구」(1960.9.30),『박종홍 전집』III, 증보판, 민음사, 684-685쪽.

167) 열암기념사업회 편(1998),「부정에 관한 연구」(1960.9.30),『박종홍 전집』III, 증보판, 민음사, 685쪽.

정확히 어떠한 윤리적 의미를 지니고 있는가의 문제이고, 다른 하나는 서양철학의 부정 개념과 중용 윤리를 연관시킬 때의 방법론적 문제다.

우선 '미발지중'은 '중용'의 핵심인 '중'을 설명하는 가운데 나온 것으로, 『중용』에는 "기쁨과 분노, 슬픔과 즐거움이 아직 나타나지 않은 상태를 중(中)이라 한다."[168]라고 되어 있다. 심리적 측면의 감정이 아직 겉으로 나타나지 않은 것, 또는 심층의 무의식이 밖으로 드러나지 않는 것을 의미하는 이 '중'은 정이천이 설명하듯 '적연부동(寂然不動)', 즉 '경'(敬)의 윤리와 매우 긴밀한 연관이 있다.[169] 박종홍은 이 중용의 '미발지중'의 윤리를 매우 선호하는데, 일제 강점기에 자신의 감정을 적극적으로 表現할 수 없는 한계상황 속에서 내면적인 침잠의 상태를 유지하는 것이 현실적으로 자신의 몸을 지키는 윤리에 적합하다고 여겼을 수도 있다. 문제는 이러한 '중'의 윤리가 체화될 때 현실의 불평등한 모순에 대해 적극적으로 비판할 수 있는 능력을 쇠퇴하게 만들고 지배 권력에 대해 맹목적으로 순응하게 만든다는 점이다. 그가 실제로 살아 있는 동안 현존 권력 그것도 정의롭지 못한 권력에 대해 비판을 하기는커녕 오히려 그 권력을 추종한 사실을 고려하면 그의 '중용' 윤리는 분명한 실천적 한계를 지닐 수밖에 없는 것이다.

이론적 측면에서 박종홍이 유교의 '중용'을 변증법적 '부정'과 연관시킨 것은 '중용'에 대한 재해석이자 근대적 변형에 해당된다. 그런데 그 이론적 연관에서 문제가 되는 것은 두 가지 측면이다. 첫째, '중용'의 '미발지중'과 서양철학의 '부정'을 관련시킬 때, 그 매개가 되는 중간항이 생략되어 있다는 점이다. 다시 말해 그의 서술에는 선언적으로 '중용'의 '미발지중'은 '부정성'이라고 할 뿐 그것을 치밀하게 논증하는 과

---

168) 朱熹 集註, 『中庸』, 成均館大 大東文化研究院, 1990, 2章, 774쪽, '喜怒哀樂之未發, 謂之中.

169) 정이천은 『中庸』의 "喜怒哀樂之未發, 謂之中"을 해석하면서 '중'을 '寂然不動'으로 파악하였다. '적연부동'의 수양론적 의미에 대해서는 다음을 참조할 것. 김원열(1996), 「송대 신유학의 자연 개념 연구」, 성균관대 석사학위논문, 126-127쪽.

정이 생략된 한계를 안고 있는 것이다. 예컨대 그는 단순히 중용의 '미발지중'(未發之中)의 '未'가 '부정사'(否定辭)라는 논거로 "否定의 積極的인 方法論的 意義는 西洋에서보다도 오히려 東洋에 있어서 먼 옛날부터 이미 認知되었다"고 보고 있는데,[170] 그 속에는 부정(Negation)의 '지양'(止揚, aufheben)이라는 발전적 계기가 없다는 점을 간과하고 있는 것이다. 둘째, 그가 유교의 중용 윤리와 서양의 철학 윤리를 결합시킨 방식은 단순히 양자를 조합시킨 절충주의(折衷主義, Eclecticism)의 방법이다. 왜냐하면 그의 종합 철학은 동양 윤리와 서양 윤리를 합쳤음에도 불구하고 양자가 여전히 이질적인 특성으로 남아 있기 때문이다. 따라서 그가 시도한 절충 방식을 통해서는 동서양의 무수한 관념적 사상의 나열이 있을 뿐, 그 속에서 새로운 제3의 철학이 창조될 가능성이 희박한 것이다.

4절 변형된 유교 윤리의 전체주의적 특성

박종홍은 중용사상을 '알맞음을 찾는 것'으로 보고, 그 것에 대해 '한국 사람' 또는 우리 '민족'과 관련하여 다음과 같이 말한다. "나는 알맞음을 찾는 中庸的인 思想은 우리 韓國 사람에 있어서는 思想이기에 앞서 이미 生理的으로 그를 좋아하는 民族인 줄 안다."[171] 다시 말해 그가

---

170) 열암기념사업회 편(1998), 「부정에 관한 연구」(1960.9.30), 『박종홍 전집』Ⅲ, 증보판, 민음사, 637쪽. 박종홍은 이 밖에 한자인 '무'(無), '불'(不) 등의 부정사를 근거로 유가와 도가 그리고 불가의 사상을 모두 부정의 방법론적 의의를 지닌 것으로 보고 있다. 같은 책, 637-641쪽을 참조할 것.

강조하는 중용사상은 본래 좋은 것이고, 그 사상은 우리 민족이 선험적으로 좋아한다는 것이다. 그리고 그는 중용이 남을 모방하는 것이 아니라 "主體性이 살려지는 때 中庸도 本來의 意義에 있어서 살려진다."172)고 주장한다. 그렇다면 그에게 민족은 개념적으로 어떤 의미이고, 그에게 주체성은 구체적으로 어떤 함의가 있는 것인가?

일제 강점기에 박종홍은 민족 문제를 본격적으로 다룬 적이 없다. 당시 민족 문제는 일본 제국주의의 억압과 착취라는 민족 현실의 문제와 긴밀히 연관된 것으로, 현실적으로 민족을 거론한다는 것은 매우 위험한 금기 사항이었던 것이다. 그래서 그는 민족 대신 조선의 문화유산에 대해 체계적이지만 민족 모순과는 상당한 거리가 있는 논의에 그치고 있다. 예를 들어 그가 민족에서 '권력적인 사회적 그룹'과 '근로적인 사회적 그룹'을 나누고 민족문화의 기만적 성격을 거론한 것은 타당하지만,173) 결국 문화유산을 '一般的으로 過去의 文化的 活動, 卽 勤勞로 産出된 文化財의 現存한 者'174)로만 규정하고 당시 조선 문화의 특수성 심층에 깔려 있는 민족 모순에 대해 구체적으로 거론하지 않고 있는 것은 가장 큰 문제다. 이와 같이 민족 모순을 배제한 논의로는 당시 '조선학 운동'이 지닌 역동적인 문제의식조차 담아내기 어려운 것이다.

해방 이후 박종홍의 민족 개념에서 중요한 것은 민족이 '피와 性과 흙'을 기반으로 한 공동체이고, 그 '共同體(Gemeinschaft)로서의 우리'가 '나'에 선행하며, 그 공동체는 이해타산적인 결합으로 성립하는 '利益社會(Gesellschaft)'와는 다르다는 것이다. 여기서 그는 '흙'이란 단지 '장소'

---

171) 열암기념사업회 편(1998), 「중용의 사상」(1965.11.10), 『박종홍 전집』II, 증보판, 민음사, 553쪽.
172) 열암기념사업회 편(1998), 「중용의 사상」(1965.11.10), 『박종홍 전집』II, 증보판, 민음사, 553쪽.
173) 열암기념사업회 편(1998), 「조선의 문화유산과 그 전승의 방법」(1935.1.1), 『박종홍 전집』I, 증보판, 민음사, 372-373쪽.
174) 열암기념사업회 편(1998), 「조선의 문화유산과 그 전승의 방법」(1935.1.1), 『박종홍 전집』I, 증보판, 민음사, 377쪽.

의 의미만 있는 것이 아니라 '노동의 대상'이란 의미도 있다고 보며, 그 인간 공동체는 자연적 / 경제적 단체라는 의미를 지니고 있다고 한다.[175] 다른 곳에서 그는 민족 문화에 대해 "문화는 <얼>의 소산이요 <얼>에 의해서 만들어진 것이요, 그기에 민족 문화는 민족의 <얼>의 소산임이 틀림없다."[176]고 확신한다. 그는 자연적 / 경제적 / 문화적 공동체인 민족의 개조와 민족의 중흥이라는 과제를 '우리'에게 부여하고 있다.

1968년 박종홍이 기초위원이 되어 작성에 참여했던 「국민교육헌장」에서 "우리는 민족 중흥의 역사적 사명을 띠고 이 땅에 태어났다."라고 할 때의 '우리'는 과연 누구인가? 1969년에 쓴 글에서 박종홍은 우리를 '대한민국 국민'으로 규정짓고, 다시 '대한민국 국민이요, 민족인 동시에 이북동포들'이라고 그 범위를 확대하고 있다.[177] 그런데 이 글에서 중요하게 여기는 것은 「국민교육헌장」의 실천이다. 그는 이러한 실천을 강조한 나머지 다음과 같은 주장을 한다. "이제 와서 여기 생각이 어떻다, 정신이 어떻다 하며 비판할 대상은 아닙니다. 이러한 점에서, 이제는 같이 더 큰 테두리 속에서 어떻게 기세를 올리느냐가 문제인 줄 압니다."[178] 이러한 논리는 이미 「국민교육헌장」은 대통령이 선포한 것이기 때문에 그 내용에 대해서는 언급할 필요가 없고 오직 그 내용을 맹목적으로 실천하자는 것으로 이미 철학의 비판적 기능은 사라지고 오직 독재를 옹호하는 정치적 의도만이 남게 된 것이다. 그런데 그는 여기서 그치지 않고, 타율적인 동원체제를 마치 자발적인 것처럼 사람들을 기만하고 있다. "누가 우리에게 강요하는 분야가 아닙니다. 대통령께서 선포하셨습

175) 열암기념사업회 편(1998), 「철학개설」(1964), 『박종홍 전집』Ⅱ, 증보판, 민음사, 172 - 173쪽.
176) 열암기념사업회 편(1998), 「민족문화와 주체적 교육」(1972.12.1), 『박종홍 전집』Ⅵ, 증보판, 민음사, 572쪽.
177) 열암기념사업회 편(1998), 「헌장의 참 뜻은 실천함에 있다 - 국민교육헌장의 실천과제」(1969.5.1), 『박종홍 전집』Ⅵ, 증보판, 민음사, 567쪽.
178) 열암기념사업회 편(1998), 「헌장의 참 뜻은 실천함에 있다 - 국민교육헌장의 실천과제」,(1969.5.1) 『박종홍 전집』Ⅵ, 증보판, 민음사, 566 - 567쪽.

니다. 그러나 대통령께서도 같이 <우리는> 했습니다. 우리는 대통령으로부터 어린 아이에 이르기까지 한뜻 한마음으로 우리는 다같이 자발적으로, 스스로 국가건설에 참여 봉사하는 것으로 되어 있습니다."179) 이로써 그는 독재 권력의 이념적 기초자로서의 사명을 매우 성실하게 수행한 셈이다.180)

또한 박종홍이 「민족개조론」에서 "민족개조는 우리가 참으로 우리다운 우리로서 되는 길이다."181)라고 할 때 '우리'는 누구를 말하는 것인가? 그는 유신(維新)과 연관하여 다음과 같이 말한다. "우리는 가끔 民族改造라는 말을 하거니와 이것은 韓國 사람이 우리 民族 아닌 다른 民族으로 된다는 것일 수는 없다. 오히려 그 改造로써 참다운 韓國 사람으로 되자는 것이다. 역시 民族의 中興을 의미하는 것이요, 오늘의 維新이 또한 民族改造를 오늘의 時期에 맞도록 具現하는 것 이외의 것이 아니다."182) 여기에서 앞 수 있듯이 그가 말하는 '우리'는 '참된 한국 사람' 또는 '우리 민족'을 가리키는 것이다. 민족이 반으로 나뉜 분단 체제하에서 '우리'는 현실적 경쟁의 측면에서는 '한국인'이고, 미래의 통일을 염두에 두면 '우리 민족'이 되는 것이다.183) 그런데 개념적으로 명확하지 않은 '우리'나 '한국인' 또는 '우리 민족'으로 그가 의도한 것은 무엇

---

179) 열암기념사업회 편(1998), 「헌장의 참 뜻은 실천함에 있다 ― 국민교육헌장의 실천과제」(1969.5.1), 『박종홍 전집』VI, 증보판, 민음사, 568쪽.

180) 홍윤기는 「국민교육헌장」의 분석을 통해 '박정희 정권의 헤게모니 텍스트'로 규정하고 있다. 다음을 참조할 것. 홍윤기(2001), 「박종홍 철학 연구」, 『역사비평』통권 55호, 역사문제연구소, 184쪽.

181) 열암기념사업회 편(1998), 「민족개조론」(1972.12.15), 『박종홍 전집』VI, 증보판, 민음사, 518쪽.

182) 열암기념사업회 편(1998), 「새 역사의 창조 ― 유신시대의 기조철학」(1973.9), 『박종홍 전집』VI, 증보판, 민음사, 555쪽.

183) 박종홍 철학의 '민족' 개념의 허구성은 분단체제하에서 민족의 '절반'을 적대시하여 그 정권의 존재 자체를 부인하는 것에서도 나타난다. 다음을 참조할 것. 열암기념사업회 편(1998), 「'한국교육이념의 탐구'의 서문」(1973.7), 『박종홍 전집』VII, 증보판, 민음사, 216쪽. 이런 면에서도 그는 진정한 의미의 민족주의자가 아니라 전체주의적 국가주의자일 뿐이다.

인가? 이러한 용어 속에는 공동체 성원 전체의 총동원을 강요하는 논리가 그 배경에 깔려 있는 것이다.

박종홍은 한국의 과거 역사를 재구성하여 모든 것을 '총화단결'로 집약시키고, 한국의 민족사적 정통성을 강변하곤 한다. 예컨대 그는 유신의 과업에 대해 다음과 같이 주장한다. "總和團結에 의하여서만 우리 民族이 살 수 있고 中興할 수 있다. 그 總和團結의 정신이야말로 우리의 民族史的 正統性이다. 이 민족이 살기 위하여 중흥의 새 역사를 창조하기 위하여 대한민국의 民族史的 正統性이 高揚되어야 한다. 이것이 우리 조상의 빛난 얼을 오늘에 되살리는 길이요, 다름 아닌 維新의 과업인 것이다."184) 이 총화단결이라는 전체주의적 국가 이념 앞에서 어떠한 가치관이나 윤리관도 무력하게 된다.

그런데 박종홍이 전체주의적 함의가 농후한 '우리' 또는 '우리 민족'을 자주 언급하지만, 실제 내용을 살펴보면 기본적으로 소수의 사람만이 그 범위에 포함될 수 있다. 예컨대 그는 1963년 예정된 대통령선거를 앞두고 5·16 군사 쿠데타의 주역 박정희를 염두에 두며 "우리가 民族의 앞날을 걱정하며 이 國家의 再建을 참으로 念願한다면 먼저 우리의 指導者를 選出함에 있어서 愼重하고도 賢明하여야 하겠다."185)고 주장하고, 근대화의 관점에서 '經濟人이야말로 우리에게 있어서 近代化의 先鋒이요 鬪士'186)로 내세워 근대화를 추진하는 과정에서 소수 자본가의 이익을 대변한 것도 알 수 있다. 그런데 독재자가 소수 자본가와 결탁되어 이른바 근대화를 추진할 때 이념적으로 가장 필요한 것은 '우리 민족'이란 명분으로 노동자의 값싼 노동력을 언제든지 동원해서 무제한 착취할 수 있는 전체주의 국가 이념이다. 따라서 그가 말하는 '우리'나 '우리 민족'은

---

184) 열암기념사업회 편(1998), 「통일과 민족사적 정통성」(1973), 『박종홍 전집』 VI, 증보판, 민음사, 550쪽.

185) 열암기념사업회 편(1998), 「지도자론」(1962.12.1), 『박종홍 전집』VI, 증보판, 민음사, 87쪽.

186) 열암기념사업회 편(1998), 「기업정신의 바탕」(1972.12.15), 『박종홍 전집』VI, 증보판, 민음사, 498쪽.

독재체제에 국민을 총동원하기 위한 전체주의적 명분이었고, 실제로는 박정희 군사독재자와 소수의 자본가의 이익을 옹호한 논리였다.

일찍이 박종홍은 독일 나치스에 입당해서 적극적인 역할을 한 하이데거를 긍정적으로 평가하면서,[187] 이론적 측면에서 하이데거의 존재론을 니이체의 초인사상과 연결시켰다. 그가 전체주의적인 국가주의 세계관을 지니고 있었다는 것은 그의 실천에서도 나타난다. 1961년 5·16 군사쿠데타가 발발한 뒤 그는 곧바로 국가재건최고 회의 기획위원회 사회분과위원회 위원으로 추대되고, 문교재건 자문위원으로 위촉되었으며, 재건국민운동 중앙위원으로 위촉된 사실만으로도 일찍이 박정희 군사독재와 긴밀한 연관이 있었던 것을 알 수 있다. 그리고 이런 점에서 그가 1970년 12월 10일 대통령 교육문화담당 특별보좌관에 취임한 것을 마치 특수한 예외처럼 바라보는 시각은 이론적으로나 실천적으로 근거가 없는 것이다. 다시 말해 그는 해방 이전이나 이후 변함없이 전체주의적인 국민 국가의 윤리를 지니고 그것을 실현시킬 수 있는 곳은 어디라도 사양한 적이 없었던 것이다.

박종홍의 유교 윤리는 이미 전체주의적인 함의를 지니고 근대적으로 변형된 것이었다. 그는 유교 윤리가 현대 한국 사회에서도 여전히 중요한 윤리적 기준으로 작용하는 것으로 보고 있으며,[188] 그 가운데서도 사단칠정론(四端七情論)의 논쟁을 높게 평가하여 "장차 한국에 새로운 어떤 사상이 생겨난다 하여도 이 전통적인 사고방식과의 대결 없이는 불가능할 것으로 안다."[189]고 주장하였다. 그는 실제로 한국의 유교 특히

---

187) 박종홍은 1933년 12월 24일 집필을 완료한 글에서 다음과 같이 쓰고 있다. "여기에 있어서 <나치스>에 入黨한 <하이데거>가 年前 <후라이불그> 大學總長으로 任命되어 私事를 不顧하고 大學制度의 確保와 政治的 變革에 따를 精神的 改新의 基礎確立에 苦心한 것을 看過할 수가 없다." 다음을 참조할 것. 열암기념사업회 편(1998), 「현대철학의 동향」(1934.1.1), 『박종홍 전집』I, 증보판, 민음사, 363-364쪽.
188) 열암기념사업회 편(1998), 「한국 유학의 특징」(1972.8.15), 『박종홍 전집』IV, 증보판, 민음사, 240쪽.
189) 열암기념사업회 편(1998), 「한국 유학의 특징」(1972.8.15), 『박종홍 전집』IV,

퇴계의 '경'(敬) 윤리를 높게 평가하곤 하였는데,[190] 주희의 경우와 마찬
가지로 '주경'(主敬)이나 '거경'(居敬)이라는 수양방법은 "생물학적인 생
명의 활력이나 사회적 실천의 역동성과는 전혀 다른 '엄숙함'을 배경으
로 모든 말과 행동을 '조심하고 삼가는' 태도와 연결이 된다."[191] 그런
데 그가 퇴계의 유교 윤리가 지닌 우수성을 논증하는 과정에서 일본의
명치유신 당시 교육칙어(敎育勅語)를 지은 모토다(元田東野)가 퇴계의
사상적 영향을 받은 것을 자랑스럽게 기술하고 있다.[192] 이와 같이 전체
주의적인 교육 이념을 자랑스럽게 여겼기 때문에 그가 「국민교육헌장」
을 기초하는 데 자부심을 가질 수밖에 없었고, 유신 독재 체제를 옹호하
는 데 망설임이 없었던 것은 그에게 너무나 당연한 삶의 선택이었다.[193]
그리고 근대적으로 변형된 그의 유교 윤리는 전체주의 국가 이념을 정
초하면서 국수주의적인 형태를 갖추게 되었고, 마침내 전체주의적인 국
민국가 이념을 합리화하는 도구로 전락된 것이다.

중보판, 민음사, 244쪽.

190) 열암기념사업회 편(1998), 「이퇴계론 - 경으로 일관된 생애와 사상」(1963),
『박종홍 전집』IV, 증보판, 민음사, 240쪽.

191) 김원열(2005), 『중국 철학의 인간 개념 연구 — 인식 방법의 전환을 중심으
로 —』, 한국학술정보, 113쪽.

192) 열암기념사업회 편(1998), 「이황, 성리학의 진수」(1965.4.20), 『박종홍 전집』
IV, 증보판, 민음사, 430쪽.

193) 이병수는 박종홍 철학에서 그가 택한 길을 '천명사상과 민족국가관의 결
합'으로 보았다. 그런데 저자는 다음과 같은 주장을 한다. "비록 열암의
철학적 사유에는 양자[천명사상과 국민국가관; 인용자 주]가 긴밀하게 얽
혀 있으나, 양자를 분리함으로써 그의 천명사상이 오늘날 현대사회적, 민
족적 삶의 조건 속에서 지니고 있는 의의를 새롭게 고찰할 필요가 있다."
참조. 이병수(2005), 『열암 박종홍의 철학사상』, 한국학술정보, 422쪽. 저자
의 이런 주장은 '열암 철학의 철학적 전승' 입장이 반영된 것인데, 문제가
되는 것은 박종홍 철학에서 특정 요소만을 추상적으로 계승하는 것은 분
명한 한계가 있으며, 양자를 분리해서 선택하게 되면 이미 박종홍 철학이
아니라는 점이다.

5절 글을 맺으며

지금까지 박종홍의 유교 윤리를 중심으로 그 근대적 변형 과정을 살펴보았다. 근대 이행기 전통적인 유교 윤리가 변형될 수밖에 없는 현실적 조건에서 그가 선택한 것은 유교 윤리를 서양철학으로 설명하는 것이었다. 다시 한 번 그의 유교 윤리가 근대적으로 변형된 과정을 정리하면 다음과 같다. 첫째, 어린 시절 전통적인 유교의 세계관과 가치관은 그의 윤리관에 깊은 영향을 미쳤으며, 그는 평생 내면화된 유교 윤리를 지니게 되었다. 특히 중용사상을 바탕으로 한 경(敬) 윤리는 그의 윤리관의 핵심이었다. 둘째, 일제 강점기 그는 일본인 학자들에게 서양철학을 배우면서 전통적인 유교에 대해 근대적인 해석을 시도하였다. '중'(中)의 변증법이 그 대표적인 경우며, 유교 고전들 가운데 『中庸』을 가장 중시하였다. 셋째, 해방 이후 1960년대 중반까지 재해석한 유교 윤리를 창조적인 논리로 해명하기 위해 『中庸』과 『周易』의 논리에 주목하였다. 넷째, 1960년대 중반부터 1970년대 중반까지 약 10년간 근대적으로 변형시킨 유교 윤리를 박정희의 영구집권을 정당화하고 독재를 옹호하는 전체주의의 지배 이념 아래 복속시켰다.

이러한 과정에서 박종홍은 이론적으로나 실천적으로 한계를 드러냈다. 우선 일제 강점기에 그는 '중용'의 자세를 유지하다가 '국가 건설을 위한 성전'을 외치고, 결국 조선총독부에서 일제의 통치에 복무하는 반민족적인 친일 행위를 일삼았다. 그런데 그는 해방 이후 단 한 번도 자신의 친일 행위에 대해 스스로 반성한 적이 없었고, 그렇다고 강력하게 부인한 적도 없었다. 다만 간접적인 방식으로 마치 민족의식이 투철한 민족주의자였던 것처럼 과거를 회상하여 많은 사람들을 기만했던 것이다. 물론 해방 후 사회적 상황이 그에게 반성을 요구했던 것이 아니라 오히려 친일파들이 득세하면서 그의 친일행위는 단점이 아니라 장점으로 작용했던 것이 사실이다. 왜냐하면 미군정기에 국립서울대학설립안을 주도적으로 추진한 자들이 바로 친미파로 변신한 친일파들이었고, 그 가운데 박종홍도 함께했기 때문이다. 이후 박종홍의 실천과 이론은 상호 긴밀히 연결되어 압도적인 지배 권력에 순응하고 협력하며 적극적으로 참여하면서 한국철학계의 권위자로 오랜 기간 군림했으며 마침내 유신 독재 권력의 성실한 이념적 제공자가 된 것이다.

근대적으로 변형된 박종홍의 유교 윤리에서 가장 근본적인 문제는 당대 지배 권력에 대해 철저히 비판한 적이 없다는 사실이다. 다시 말해 그는 민족과 국적을 불문하고 어떤 지배 권력이든 그 권력을 어쩔 수 없는 현실로 인정한 채 자신의 유교 윤리를 그 권력에 복속시킨 것이다. 그리고 그가 시도했던 전통 유교의 근대적 변형은 이론적으로도 성공하지 못했는데, 가장 중요한 원인들 가운데 하나는 방법론적으로 '절충주의'에 기반을 두었기 때문이다. 그런데 이러한 박종홍의 실천적 / 이론적 한계가 단지 그 자신에게 머문 것이 아니라 군부 독재가 진행되던 1980년대 중반까지 부당한 지배 권력에 빌붙어 그 권력을 합리화하는 데 자신의 학적 지식을 제공하고 이론적으로 절충적 방법을 유지한 철학자들이 계속 등장했던 것은 한국 철학계의 문제점을 명확히 보여준다.

전통적이든 근대적으로 변형된 것이든 유교 윤리가 새롭게 조명되고 다시 해석되기 시작한 것은 적어도 1987년 민주화 운동과 1990년 전후 현실 사회주의권의 몰락을 거치지 않고는 불가능하였다. 왜냐하면 1987년 민주화 운동 이후 지식인들은 사회 실천의 경험 속에서 지배 권력에 대한 부분적 승리를 체험하였고, 그 승리의 자부심으로 지배 권력에 대해 보다 철저한 비판을 시도했으며, 정체성에 대한 일반인들의 요구로 비로소 새로운 유교 윤리의 모색을 시도할 수 있었기 때문이다. 이러한 민주화의 힘과 함께 1990년 전후 현실사회주의권이 몰락하자, 새로운 대안들 가운데 유학부흥론과 유교자본주의론 그리고 유교민주주의론 등 문화적 보수주의의 담론도 폭넓게 논의될 수 있는 새로운 지적 풍토가 조성된 것이다.

참고문헌

高橋 亨(1939), 「王道儒道より 皇道儒道へ」, 『朝鮮』제295호, 朝鮮總督府.

高橋 亨・喜田新六(1944), 『國體明鑑』, 朝鮮儒道聯合會.

권인호(2004), 「박종홍의 퇴계 철학 비판－'황도 유교'와 국가주의 철학의 원류」, 『황도 유교 비판』, 비판철학회 제2회 학술발표회 자료집, 비판철학회.

김교빈(2001), 「열암의 철학 역정을 통해 본 열암 철학의 구도」, 『현실과 창조』2, 천지.

김석수(2001), 『현실 속의 철학 철학 속의 현실』, 책세상.

김원열(1996), 「송대 신유학의 자연 개념 연구」, 성균관대 석사학위논문.

김원열(2004), 「황도 유교의 사유체계와 방법론적 문제점에 대한 비판」, 『황도 유교 비판』, 비판철학회 제2회 학술발표회 자료집, 비판철학회.

김원열(2005), 「동북아시아 삼국의 근대성에 대한 비판적 고찰 ― 근대이행기 '전통과 근대'의 민족 문제를 중심으로」, 『시대와 철학』제16권 3호, 한국철학사상연구회.

김원열(2005), 『중국 철학의 인간 개념 연구 ― 인식 방법의 전환을 중심으로 ―』, 한국학술정보.

김재현(2002), 「열암의 초기 철학」, 『박종홍 철학 비판』, 비판철학회 제1회 학술발표회 자료집, 비판철학회.

김재현(2002), 『한국 사회철학의 수용과 전개』, 동녘.

미키 기요시(1997), 『철학입문』, 지명관 역, 소화.

미키 기요시(2003), 『생』, 이동주 역, 아침바다.

박종현(2003), 「열암 박종홍 선생의 열망과 그의 철학」, 『박종홍 철학의 재조명』3, 천지.

반민족연구소 편(1993), 『친일파 99인』2, 돌베개.

반민족연구소 편(1994), 『청산하지 못한 역사』1, 청년사.

배종호(1974), 『한국유학사』, 연세대학교 출판부.

비판철학회(2002), 『박종홍 철학 비판』, 도서출판 심산문화.

비판철학회(2004), 『황도 유교 비판』, 도서출판 심산문화.

심산사상연구회 편(1989), 『김창숙문존』, 성균관대 대동문화연구원.

양재혁(2002), 「박종홍과 그의 황국 철학」, 『박종홍 철학 비판』, 비판철학회 제

1회 학술발표 자료집, 비판철학회.

열암기념사업회 편(1978), 『스승의 길』, 일지사.

열암기념사업회 편(1998), 『박종홍 전집』Ⅰ-Ⅶ, 증보판, 민음사.

열암기념사업회 편(1998), 『현실과 창조』1, 천지.

열암기념사업회 편(2001), 『현실과 창조』2, 천지.

열암기념사업회 편(2003), 『박종홍 철학의 재조명』(『현실과 창조』3), 천지.

永田廣志(1967), 『日本思想史』, 法政大出版局.

윤사순(1986), 『한국유학사상론』, 열음사.

이규성(1998), 「열암의 사상과 생의 문제」, 『현실과 창조』1, 열암기념사업회.

이남영(1996), 「열암 철학-향내적 철학과 향외적 철학의 집합으로서의 한국철
       학」, 『해방 50년의 한국철학』, 철학과 현실사.

이동준(2003) 「열암의 실천 유학」, 『박종홍 철학의 재조명』(『현실과 창조』3),
       천지.

이만규(1988), 『조선교육사』Ⅱ, 거름.

이병도(1989), 『한국유학사』, 아세아문화사.

이병수(2005), 『열암 박종홍의 철학사상』, 한국학술정보.

이중연(2003), 『황국신민의 시대』, 혜안

정운현(1999), 『나는 황국신민이로소이다』, 개마고원.

철학연구회 편(1996), 『해방 50년의 한국철학』, 철학과 현실사.

한국철학사상연구회 편(1995), 『강좌 한국철학』, 예문서원.

한국철학회 편(2000), 『한국철학의 쟁점』, 철학과 현실사.

한전숙(1998), 「열암의 초기 작품에서의 '현실'」, 『현실과 창조』1, 열암기념사업회.

현상윤(1949), 『조선유학사』, 민음사.

戸弘柯三(1935), 『近代日本哲學史』, ナウカ社.

홍윤기(2001), 「박종홍 철학 연구」, 『역사비평』통권 55호, 역사문제연구소.

W. G. 비즐리(2000), 『일본근현대사』, 장인성 옮김, 을유문화사.

Abstract

A Critical Study on the Modern Metamorphose
of the Confucian Ethics
─ As the Center of Park Chong Hong(1903 ─ 1976)'s Confucian Ethics ─

Kim, Won ─ Yeol

This thesis is written for the purpose to criticize the modern metamorphose of the confucian ethics in Korea. Especially I deal with Park Chong Hong(1903 ─ 1976)'s confucian ethics. His philosophical characteristic is divided into four. The first, confucian ethics is important to his philosophy, because he learned confucian values in his childhood. Above all he was very fond of the doctrine of mean, he was a devout confucian philosopher. The second, he learned western philosophies by japanese professors in Gyeongseong Imperial University, he attempted to change confucian ethics with a modern method. For example the dialectic of Moderation(中) is the modern metamorphose in his philosophy. The third, for new creative logics he paid attention to the logics of "the Doctrine of Mean"(中庸), "the Philosophy of Change"(周易). The fourth, he used his confucian ethics to support the dictatorship of Park Jeong Hee. In the end he became a famous ideologist of the totalitarian dictatorship in Korea. In his confucian ethics, the problems are two. One is uncritical on an unjustice power in the contemporary. The other is an eclecticism of the East and West in the methodology.

By the way his practical / theoretical problems didn't come to the stop, because his students have tried to make idol of him in korean academies. Therefore philosophers must criticize the practical / theoretical problems of korean philosophies.

Subject Sphere: *Social Philosophy, Critical Philosophy, Confucian Ethics, Korean Philosophy, Methodology.*

Key Words: *Park Chong Hong, Confucianism, Ethics, Moderation, Dictatorship, Democracy, Nationalism, Imperialism.*

제 **4** 장

민중의 관점에서 바라본 문화대혁명

─ 평등 지향의 민중 혁명을 중심으로 ─

민중의 관점에서 바라본 문화대혁명194)

— 평등 지향의 민중 혁명을 중심으로 —

요약문

이 글의 목적은 중국의 문화대혁명이 민중의 이익을 철저히 확보하려는 평등 지향의 민중 혁명이라는 점을 논리적으로 증명하는 것이다. 지금까지 문화대혁명에 대한 연구는 주로 지식인의 관점이란 방법에 기반하고 있다. 이에 비해 내가 사용하는 방법은 역사적인 객관적 사실을 중시하여 문화대혁명을 체계적으로 분석하는 과학적 방법을 수용하면서도, 최대한 지식인의 관점을 경계하고 철저히 민중의 관점을 투영시켜 문화대혁명을 다음과 같이 적극적으로 평가하는 것이다. 첫째, 중국의 문화

---

194) 논문 출처: 김원열, 「민중의 관점에서 바라본 문화대혁명」, 『시대와 철학』
제14권 2호, 한국철학사상연구회, 2003, 455−476쪽.

대혁명이 발생한 주요 원인을 민중과 공산당 간부 사이의 불평등한 사회적 대립과 모순으로 파악한다. 둘째, 문화대혁명에서 전위적 역할을 했던 홍위병 운동은 민중혁명과 긴밀한 관계가 있다. 셋째, 문화대혁명의 전개과정 가운데 민중의 혁명적 실천 과정을 구체적으로 분석하면 문화대혁명을 민중 중심으로 새롭게 해석할 수 있다. 특히 의식발달의 측면에서 문화대혁명을 보면 혁명의 주체인 민중은 즉자적 의식에서 대자적 계급의식으로 고양된다. 넷째, 문화대혁명 과정에서 나타난 평등 지향의 의식과 제도 그리고 '끊임없는 혁명'의 논리에 근거할 경우, 문화대혁명은 평등지향의 민중 혁명이다. 결론적으로 중국의 문화대혁명은 역사적 진보의 흐름을 역행한 동란이 아니라 중국 사회의 모순을 철저히 극복하려는 민중 중심의 '끊임없는 혁명'이며, 노동자 및 농민을 포괄하는 민중 계급의 목적의식적인 사회적 실천을 통해 민중의 평등한 사회를 추구했던 민중 중심의 혁명이다.

주 제: *중국현대철학, 사회철학, 문화철학, 인식론, 방법론*
검색어: *문화대혁명, 평등, 계급, 민중, 끊임없는 혁명*

1절 글을 시작하며

이 글의 목적은 중국의 문화대혁명이 발생한 원인과 전개과정 그리고 결과 및 영향을 민중의 관점에서 체계적으로 규명하고 적극적으로 평가하여, 문화대혁명이 민중의 이익을 철저히 확보하려는 평등 지향의 민중 혁명이라는 점을 논리적으로 증명하는 것이다.

지금까지 문화대혁명에 대한 연구는 정치, 경제, 사회 등 매우 넓은 영역에 걸쳐 이루어졌으며, 그 연구 성과 또한 양적으로 적지 않다.[195] 그런데 기존 연구들을 검토해 보면, 문화대혁명에 대한 평가가 극단적으로 대립하고 있는 현상을 확인할 수 있으며, 심지어는 중국 공산당의 문화대혁명 평가도 시기에 따라 극단적으로 상반된 평가를 내리고 있는 것을 발견할 수 있다. 예를 들어 문화대혁명이 공식적으로 평가되던 당시, 중국 공산당의 기본적인 입장은 다음의 공식 문건에 매우 긍정적으로 표현되어 있다. "눈앞에 전개되는 무산계급 문화대혁명은 한바탕 사람의 마음을 감동시키는 대혁명이고, 우리나라 사회주의 혁명 발전의 더욱 깊고 더욱 넓은 하나의 새로운 단계다."[196] 그러나 이러한 긍정적 평가는 중국 공산당 자신에 의해 다음과 같이 완전히 뒤바뀌게 된다. "실천이 증명하듯이 '문화대혁명'은 혁명이나 사회진보가 아니었고 그렇게

---

195) 중국의 문화대혁명에 관한 수많은 연구들 가운데 본 논문에서 중요하게 기초로 삼은 문헌은 1999년에 발간된 邢賁思 主編의 『中國哲學五十年』(遼海出版社)이다. 이 문헌은 문화대혁명을 규명할 수 있는 1차 자료가 원래 형태로 실려 있어 연구자료로 적합하다.

196) 같은 책, 522쪽. 이 자료는 1966년 8월 8일 통과된 중국 공산당 중앙위원회의 「무산계급 문화대혁명에 관한 결정」으로, 중앙위원회가 진행 중인 문화대혁명에 대해 공식적인 평가를 내린 것이다.

될 수도 없었다."197) 이와 같이 문화대혁명에 대해 전혀 상반된 평가가
내려지는 현상은 비록 중국 공산당이라는 동일한 이름을 빌려 내려진
평가지만, 동일한 대상에 대해 평가 주체, 세계관, 방법론 등이 서로 다
른 것에서 비롯된 것이며, 다른 많은 연구들은 그 양적 방대함에도 불구
하고 위의 두 가지 상반된 문화대혁명 평가에 기반을 두거나 그 평가와
일정한 연관을 맺고 있다.

그런데 문화대혁명에 대한 상반된 평가에도 공통된 문제가 있는데, 그
것은 의식적이든 무의식적이든 지식인의 관점이 긍정적 또는 부정적 평
가에 미치는 영향이다. 이렇게 지식인의 관점이 문화대혁명 평가에 미치
는 영향은 문화대혁명을 과학적으로 규명하는 연구에 큰 걸림돌로 작용
한다. 중국의 문화대혁명을 다루면서 내가 사용하는 방법은 역사적인 객
관적 사실을 중시하여 문화대혁명을 체계적으로 분석하는 과학적 방법
을 수용하면서도, 최대한 지식인의 관점을 경계하고 철저히 민중적 관점
을 투영시켜 문화대혁명을 적극적으로 평가하는 것이다. 그래도 여전히
문제는 남아 있는데, '민중적 관점'이란 방법적으로 도대체 무엇을 의미
하는지 그리고 그 방법이 문화대혁명을 정확히 규명하는 데 얼마나 적
합한지 등의 문제가 그것이다.

이 문제들과 관련하여 우선 '민중'(民衆) 개념부터 살펴볼 필요가 있
다. 이 글에서 사용하는 '민중' 개념은 문화대혁명 과정에서 표현되는
중국의 '무산계급'198)(無産階級)이란 용어를 재규정한 것이다. 본 연구에

197) 중국공산당 중앙문헌연구실 편, 『정통 중국현대사』, 허원 옮김, 사계절,
1990, 35쪽. 이 문건은 1981년 6월 27일 중국 공산당 중앙위원회 제6차
전체회의에서 통과된 「건국 이래 당의 약간의 역사문제에 관한 결의」다.
198) 중국에서 '무산계급 문화대혁명'(無産階級 文化大革命)이라고 할 때, '무산
계급'은 자산계급(資産階級), 즉 자본가 계급을 의미하는 부르주아지
(bourgeoisie)의 반의어로 '프롤레타리아트'(Poletariat)를 의미한다. 물론 프
롤레타리아트는 중국어 음역으로 '普羅列塔利亞特'가 사용되기도 하지만,
보다 중국적 개념이라 할 수 있는 무산계급이 주로 사용된다. 중국의 무산
계급 개념은 다른 명칭으로 '공인계급'(工人階級), 즉 노동자계급을 가리킨
다. 그런데 근대 이행기 중국의 자본주의 발달이 취약했던 상황에서 '무산

서 사용하는 '민중'(民衆) 개념은 구체적으로 '무산계급'인 노동자계급과 함께 중국의 절대 다수를 차지하고 있던 '중하층의 농민'을 포함한다. 이 '민중' 개념은 기본적으로 사회적 노동을 통해 그 사회의 기본적인 재생산 구조를 유지하면서도 그 생산의 이익을 향유하지 못하는 인간 집단을 가리킨다. 따라서 '민중적 관점'이란 방법은 민중의 입장, 구체적으로 노동자나 농민의 이익을 판단기준으로 삼아 문화대혁명에 대한 해석과 평가에 적용하는 것을 의미한다.

이러한 '민중적 관점'이란 방법을 본 연구에 적용할 때 고려해야 할 것은 '민중적 관점'에 대해 한계를 설정하는 것이다. 여기서는 특권을 지닌 당간부나 지식인과 이에 대립되는 민중, 즉 정신노동과 육체노동의 차별이란 점에 주목하여 주로 육체노동을 수행하는 노동자와 농민의 공동이익이란 점만을 '민중적 관점'이라 할 것이다. 이러한 '민중적 관점'이란 방법이 지닌 적합성은 대다수 민중의 이익을 기준으로 할 때 문화대혁명을 정확히 규명하는 데 큰 도움이 된다는 점이다. 또한 문화대혁명 시기 민중의 이익에 대한 상반된 태도가 사건이나 이론의 분석이나 평가에 일정한 영향을 미치기 때문에, 혁명적 지식인이나 보수적 지식인의 사상과 정책 그리고 노선도 민중의 이익이란 측면에서 규명할 때 보다 정확한 해석에 도달하게 된다. 이런 점에서 나는 '민중적 관점'이란 방법으로 문화대혁명을 연구할 것이다.

문화대혁명은 많은 측면에서 중국 사회를 크게 변화시켰던 사건인 만큼, 긍정적이든 부정적이든 지금의 중국을 이해하는 데 관건이 되는 연구대상이다. 그런데 이 짧은 글 속에서 중국에서 진행됐던 문화대혁명의 모든 영역을 빠짐없이 다루는 것은 불가능하다. 이런 점을 고려하여, 문화대혁명의 전개과정에서 드러나는 '문화'를 중심으로 연구의 대상을 제한할 것이다. 그런데 중국에서 '문화'라는 개념은 "인류가 창조한 모든

계급'은 산업 노동자 계급의 의미뿐만 아니라, 수공업 노동자나 용역업에 종사하는 노동자 일반도 포함하며, 토지가 없는 농민 계급과의 긴밀한 연계하에 개념의 의미가 넓게 사용된다.

노동의 성과물을 포괄한다."[199] 다만 이러한 문화 개념은 정치의식과의 밀접한 관계가 전제된다는 점이 중국적 문화 개념의 특색이다. 예를 들어 문화대혁명 당시 문화 비판은 바로 정치 비판과 긴밀한 연관이 있는 것이다.[200] 따라서 문화대혁명의 문화 개념은 기본적으로 의식이나 제도의 문화를 의미하고, 구체적으로 경제와 정치의 반영으로서의 상부구조적 의식 또는 제도를 의미한다. 그런데 토대와 상부구조의 관계에서 중요한 것은 상부구조가 "일정한 조건 아래에서 또한 주요한 결정적 작용을 한다."[201]는 점이다. 여기서 상부구조로서의 '문화'가 중국의 문화대혁명에서 중요한 문제로 대두된 이유를 확인하게 된다. 본 연구에서는 문화대혁명을 평가할 때, 민중의 일상적 삶에 큰 영향을 미쳤던 문화의 영역들 가운데 특히 교육, 의료, 여성문제로 한정하여 논의를 전개할 것이다.

문화대혁명의 시기 구분은 매우 중요한 문제다. 일반적으로 구분되는 문화대혁명 10년은 1966년에서 1976년까지를 의미한다. 여기서는 문화대혁명 10년은 받아들이지만, 세부적인 시기 구분에서는 기존 연구와는 다른 기준을 적용한다. 흔히 1965년 11월 10일 「문회보」(文匯報)에 실린 요문원의 「신편 역사극 『해서파관』을 평론함」[202](評新編歷史劇海瑞罷官)이란 글을 문화대혁명의 도화선으로 평가하는데,[203] 그 기준이 되는 것은 지식인의 문예비평이란 방법이다. 그러나 문예비평은 소수 권력자나 지식인에게 심각한 문제가 될지 몰라도, 민중의 관점에서 볼 때는 적절한 기준이 될 수 없다. 따라서 나는 '민중의 이익'이란 기준으로 문화대

199) 戴知賢, 『毛澤東文化思想硏究』, 中國人民大出版社, 1992, 28쪽.
200) 李澤厚, 『中國現代思想史論』, 東方出版社, 1987, 191쪽.
201) 中共中央文獻編輯委員會 編, 『毛澤東選集』1, 人民出版社, 1991, 325쪽.
202) 이 글은 당시 북경 부시장이었던 오함의 『해서파관』이란 글에 대한 요문원의 비판적 평론이다. 요문원은 오함이 역사를 왜곡하였으며, 『해서파관』은 무산계급독재와 사회주의 혁명을 반대하는 독초(毒草)라고 비판하였다. 참조. 竹內實 編, 『中國近現代論爭年表』下, 同朋舍出版社, 1992, 600쪽.
203) 席宣·金春明, 『文化大革命簡史』, 新華書店, 1996, 72-73쪽.

혁명의 시기를 다섯 단계로 구분하고, 특히 민중 혁명이 절정기에 이르렀던 시기를 중요한 분석의 대상으로 삼을 것이다.[204]

이 글의 구성은 다음과 같다. 제2장은 중국의 문화대혁명이 발생한 제반 원인을 내적 원인과 외적 원인 그리고 사상적 원인으로 나누어 규명한다. 이 과정에서 문화대혁명이 발생하는 원인들 가운데 민중과 공산당 간부 사이의 불평등한 사회적 대립과 모순을 주요하게 다룰 것이다. 제3장은 문화대혁명에서 전위적 역할을 했던 홍위병 운동의 역사적 역할과 그 한계를 분석하여 홍위병 운동과 민중혁명의 긴밀한 관계를 서술할 것이다. 제4장은 문화대혁명의 전개과정에서 나타난 공산당 간부와 민중의 대립과정 및 투쟁을 분석하여 민중의 혁명적 실천 과정 속에서 고양된 혁명의식의 발달과정을 밝히고, 혁명 주체와 대상 그리고 방법의 측면에서 문화대혁명을 민중혁명으로 바라볼 수 있는 근거를 제시할 것이다. 이러한 분석과 근거제시를 통해 문화대혁명을 민중 중심으로 새롭게 해석할 수 있는 계기가 마련될 것이다. 제5장은 민중의 관점으로 문화대혁명의 결과 및 영향을 적극적으로 평가한다. 구체적으로 문화대혁명 과정에서 나타난 평등 지향의 의식과 제도 그리고 '끊임없는 혁명'의 논리를 적극적으로 평가할 것이다. 이러한 평가를 통해 문화대혁명이 쟁취한 구체적 성과와 '끊임없는 혁명'의 의미가 드러날 것이다. 마지막으로 제6장에서는 앞의 논의들을 총괄적으로 정리하여 문화대혁명이 민중혁명임을 강조하고, 중국의 내외에 문화대혁명이 미친 영향을 다룬 뒤, 문화대혁명의 소중한 성과가 중국 공산당 자신에 의해 청산되면서 중국 사

---

204) 민중의 관점에서 문화대혁명의 시기를 나누면 다음과 같다. 첫째 홍위병 운동이 전개되기 시작하던 1966년 6월부터 1966년 8월까지 혁명의 준비기다. 둘째 홍위병 운동과 민중 혁명이 상승하던 1966년 8월부터 1966년 12월까지 혁명의 고양기다. 셋째 민중 혁명이 정점에 이른 1967년 1월 상해 노동자의 투쟁부터 혁명위원회가 대체적으로 성 및 자치구에 모두 구성되었던 1968년 9월까지 혁명의 절정기다. 넷째 1968년 9월부터 중국 공산당 제10차 전국대표대회가 개최되었던 1973년 8월까지 혁명의 정체기다. 다섯째 1973년 8월부터 모택동이 죽고 혁명적 지식인들이 권력을 상실하게 되는 1976년까지 혁명의 쇠퇴기다.

회에 나타난 현상들 가운데 개혁·개방의 논리를 소개할 것이다.

2절 문화대혁명의 발생 원인들

1949년 중국 공산당은 신민주주의의 계급연합론을 기반으로 중화인민 공화국을 성립시킨 후,[205] 사회주의적 개조과정을 통해 중국이 사회주의 국가를 지향하고 있다는 점을 명확히 밝히고, 사회주의 사회를 실현하기 위해 많은 노력을 기울였다. 그러나 중국 공산당을 중심으로 예상보다 급격하게 이루어진 중국의 불완전한 통일은 사회주의 사회를 위한 물적 토대가 부실한 상태에서 민중의 기초적인 생활 유지와 매우 낮은 문화 수준의 고양을 과제로 남겼다.[206] 이와 같이 열악한 상황을 타개하기 위 해 1958년 중국 공산당은 사회주의적인 '삼면홍기'(三面紅旗; 사회주의 총노선, 대약진, 인민공사)의 치열한 실험을 전개하였지만, 연속되는 자 연재해와 정확하지 못한 정책으로 결국 사회주의의 실험은 일단 실패로 끝나고 말았다. 이후 1960년대 전반 중국 공산당은 유소기를 중심으로 정책의 조정기를 거치게 된다.

---

205) 문화적 측면에서 살펴보면, 신민주주의가 지향하는 문화는 '민족적, 과학적, 민중적' 문화다. 中共中央文獻編輯委員會 編, 『毛澤東選集』2, 人民出版社, 1991, 706-709.

206) 1956년 모택동은 이러한 상태를 '일궁이백'(一窮二白)으로 표현하였는데, 이 의미는 중국이 첫째로 공업과 농업이 발달하지 못한 빈곤한 상태며, 둘째로 문화와 과학이 낮은 상태라는 것이다. 그런데 이런 낙후한 상태를 혁명을 위한 좋은 조건으로 파악하는 것이 모택동의 사상적 특징이다. 中共中央文獻研究室 編, 『毛澤東文集』7, 人民出版社, 1999, 43-44쪽.

이런 '조정'의 상황에서 중국 공산당은 내부적으로 다수의 유소기파와 소수의 모택동파의 정책 노선의 차이가 점차 두드러지게 나타나게 되었으며, 노선의 차이는 '홍'(紅; 사회주의 이념)과 '전'(專; 전문적인 과학기술)의 심각한 대립을 초래하게 되었다. 이러한 노선의 대립은 1949년 이전 중국 공산당의 '백구'(白區; 도시근거지)와 '홍구'(紅區; 농촌근거지)의 차이라는 연원도 있지만, 기본적으로 '조정' 정책에 대한 인식의 차이를 바탕으로 한 것이다. 보다 구체적으로 1960년대 전반기 국가 주석인 유소기를 중심으로 한 고위 간부들은 '조정' 정책을 추구하는 가운데 특권층인 당간부의 이익을 보존하는 중앙집권적인 '국가 사회주의'207)를 강화하는 반민중적 방향을 취한 것에 반해, 당 주석이었던 모택동은 관료적인 권력 지배구조에서 점차 소외되는 가운데 '조정' 정책이 추구하는 자본주의적 경향을 비판적으로 보고, 민중의 혁명적 의지를 통해 지방분권적인 사회주의의 조속한 실현을 지향하는 민중적 길을 추구하고 있었다. 따라서 중국 공산당 내 두 노선이 존재했으며 두 노선의 차이가 심각한 대립 상태로 치닫고 있었다는 점은 분명하다.

다만 이 두 노선의 차이만으로 문화대혁명의 원인을 규명하는 것은 주로 '위로부터의 혁명'의 논리라는 점에서 한계를 지니고 있다. 문화대혁명을 정확하게 규명하기 위해서는 무엇보다 '아래로부터의 혁명'에 초점을 맞추는 것이 필요하다. 왜냐하면 민중의 주체적 관점에서 볼 때 '아래로부터의 혁명'이 근본적이며, 두 노선의 차이와 대립도 민중의 이익에 대한 상반된 입장이란 측면에서 보다 분명히 드러나기 때문이다. 이런 점에서 중국 사회의 엘리트인 공산당 간부와 다수를 차지하고 있는 민중 사이의 대립적 관계는 매우 중요하다. 특히 이 문제는 도시의

---

207) 여기서 사용하는 '국가 사회주의'라는 개념은 민중이 아닌 특권 계층 중심의 통제적, 간섭적 정치 및 경제체제를 의미한다. 구체적으로 소련을 전형적인 본보기로 삼고, 소련식 정치 및 경제체제를 추종하는 정책을 추진했다는 점에서, 유소기는 '국가 사회주의'를 지향했다. '국가 사회주의' 문제에 대해서는 다음을 참조할 것. 마크 블레처, 『반조류의 중국』, 전병곤·정환우 옮김, 돌베개, 2001, 18-19쪽.

공업 관료 중심의 중공업 우선 정책으로 도시의 노동자와 특히 농촌의 농민은 끊임없는 희생을 강요당하게 되는 현상과 맞물리고 있었다. 총체적으로 문화대혁명이 발생한 내적 원인을 규명할 때, 바로 민중과 공산당 간부의 불평등 및 대립이 가장 중요한 원인이다.[208]

이와 같은 내적 모순과 긴밀히 연결된 것은 외적 모순으로, 문화대혁명 당시 중국이 국제적으로 중요한 대립관계를 형성했던 국가는 냉전 상태에서 팽창정책을 추구하고 있던 미국과 소련이다. 미국의 경우 중국과 대립할 수밖에 없는 국가였는데, 왜냐하면 미국은 대표적인 자본주의 국가로 끊임없이 반공정책을 수행하였고, 중국 공산당을 철저히 봉쇄하는 역사적 과정이 있었기 때문이다.[209] 그런데 여기서 주목하는 것은 중국과 소련의 대립 관계다. 중국과 소련은 같은 사회주의권 국가 간의 대립이란 점에서 중국과 미국의 대립과는 일정한 차별성이 있다. 1949년 이후 사회주의 국가를 건설하기 위해 소련으로부터 많은 원조를 받은 중국은 소련과 대등한 관계가 아니라 종속적 관계였지만, 중국은 국제적 사회주의 이념으로 자신의 처지를 합리화했다. 그러나 중국이 점점 국제적인 국가로 성장하는 가운데 소련은 중국에 대한 통제력을 강화하기 위해, 1960년 일방적으로 중국에 대한 원조 계약을 파기하고 중국에 있던 소련의 전문 과학기술자들을 철수했다. 중소분쟁의 충격은 중국 사회 전반에 걸쳐 냉엄한 현실을 깨닫게 하는 뼈아픈 과정이었는데, 그 대응

---

208) 또한 중국이 사회주의 조정기를 거치는 동안 사회주의 문화가 급격히 퇴조하는 현상이 심화되고 있었으며, 1962년 시작된 사회주의 교육운동도 답보 상태에 있었다는 점도 문제로 대두된다. 이 사회주의 문화 퇴조 현상과 교육 문제는 바로 중국에서 문화대혁명이 발생한 내적 원인들 가운데 중요한 원인들이며, 수정주의의 문제나 교육, 의료, 여성의 문제도 바로 이러한 사회주의 문화 전반의 문제와 긴밀히 연결되어 있는 것이다.

209) 구체적으로 1950년 한국 전쟁에서 중국은 '항미원조'(抗美援朝; 미국에 대항하여 조선을 돕는 정책)의 입장을 최종적으로 확정하여 중국 봉쇄정책을 추진했던 미국과 전쟁을 하게 되었다. 그리고 1964년 통킹만 사건과 이듬해 미국의 북베트남 폭격을 통한 베트남 전쟁 개입은 중국에게 큰 위협 요인으로 작용하여 중국을 준전시 상태로 몰고 갔다.

방식에는 크게 두 가지 방향이 있었다. 하나는 소련의 중요성을 강조하여 소련의 통제적 요구에 순응하는 길이었고, 다른 하나는 스스로의 힘으로 처음부터 다시 시작하는 길이었다. 중국식 표현을 빌면 전자는 유소기를 중심으로 한 '수정주의'의 길이었고, 후자는 모택동을 중심으로 한 '자력갱생'의 길이었다. 여기서 유의할 점은 시기마다 차이가 있긴 하지만, 문화대혁명의 외적 원인 가운데 중국과 소련의 첨예한 대립이 매우 중요하다는 점이다. 따라서 중국과 소련의 대립 관계는 문화대혁명의 발생 원인을 규명하는 데 중요한 외적 원인으로 중국 사회의 내적 모순과 긴밀히 연관되어 중국의 사회적 모순을 극대화시키는 작용을 하였다.

이와 같이 중국에서 문제가 된 '수정주의'의 문제는 유소기의 정책을 대변하고 있던 종합경제 기초론(綜合經濟基礎論), 사유와 존재의 동일성 부정, 합이이일(合二而一)의 문제210)와 긴밀히 연결되어 있다. 특히 1964년 '합이이일'(合二而一)이 파생시킨 조화와 통일의 논리에 대해 철저히 비판하는 과정에서 문화대혁명이 발생한 사상적 원인을 규명할 수 있다.211) 또한 문화대혁명 시기에 봉건적 의식을 대표하는 유교에 대해 철저한 비판이 이루어진 것에 주목할 필요가 있다. 문화대혁명이 발생한 사상적 원인들 가운데 중요한 것은 바로 수정주의와 봉건적 의식에 대한 문제제기다. 중국의 봉건적 의식 문제는 그 뿌리가 매우 깊은 것이다. 중화인민공화국이 수립되기 전, 국민당이 점령하고 있던 지역에서는 끊임없이 봉건적인 이념이 강조되었는데, 문제는 중국 공산당이 중화인민공화국을 수립한 이후에도 낙후한 경제상황과 문화수준을 배경으로 한 봉건적 의식의 잔재는 청산되지 않고 있었다는 점이다. 예를 들어 학

---

210) 각각에 대해 대립적인 것은 단일경제기초론(單一經濟基礎論), 사유와 존재의 동일성 인정, 일분위이(一分爲二) 등이다. 秦英君, 『當代中國哲學思想史』, 開封, 河南大學出版社, 1999, 214-264쪽. 그런데 이 철학적 논쟁이 중요한 것은 바로 당시 정치적 입장과 긴밀한 연관이 있다는 점이다.

211) 郭建寧 主編, 『當代中國哲學綱要』, 北京大出版社, 1996, 90-93쪽.

교에서는 여전히 봉건적인 권위주의적 사제관계가 지배적이었고, 사회에서도 봉건적인 위계 의식이 잔존해 있었으며, 국가 기구 속에서도 봉건적인 신분질서 의식이 남아 있었던 것이다. 따라서 문화대혁명이 발생한 사상적 원인은 '네 가지 과거의 병폐'(四舊)인 '과거의 사상, 과거의 문화, 과거의 풍습, 과거의 관습'과 자본주의를 지향하는 '수정주의'의 문제다.

3절 홍위병 운동의 전위적 역할과 한계

대부분의 혁명이 그렇듯 아무런 투쟁의 과정이 없는데 어느 날 갑자기 혁명이 발생하는 것이 아니라, 누적적인 투쟁의 지난한 과정을 거쳐 혁명적 상황이 조성되고 그 혁명이 격렬한 형태를 갖추게 된다. 중국의 문화대혁명도 이러한 투쟁의 과정을 거치게 되는데, 그 격렬한 혁명적 투쟁의 과정에서 누구보다도 청년 학생들이 혁명적 실천의 첫 포문을 열었다. 1966년 8월 18일 찌는 듯한 더위에도 불구하고 천안문 광장에 모인 수많은 젊은이들은 모택동의 일거수일투족에 열광했다. 그들은 스스로를 홍위병(紅衛兵)이라 하여 사회주의 이념을 보위하는 혁명투사로 여겼는데, 문제가 되는 것은 홍위병 구성의 자발성 여부다. 왜냐하면 문화대혁명에 관한 기존 연구들 가운데 홍위병의 구성이 비자발적인 관제(官製)라고 비난하는 것이 있기 때문이다. 예를 들어 김충렬·공기두는 '난동이라고 할 수밖에 없는 치기어린 홍위병'이 '단순히 관제(官製) 또는 관허(官許)·관면(官免)의 전문적인 시위 집단만이 아니라 적어도 문

화혁명을 위한 과정에서는 초법률적 존재로 행세할 수 있는 조직'으로 파악하고 있다.212)

그러나 이러한 왜곡된 파악은 실제 사실을 토대로 한 것이 아니다. 우선 역사적 사실에 근거해 보면, 이미 그해 6월경 북경의 중학생(한국의 중고등학생에 해당)과 대학생들은 '자발적으로' 홍위병을 자임하고 나섰다. 이것은 이전에 중국 공산당이 조직했던 '공산주의청년단'(共産主義 靑年團)의 '비자발적' 구성과는 크게 차이가 있는 현상이다. 홍위병이 '자발적으로' 출현한 배경에는 5월 16일 중국공산당 중앙정치국 확대회의를 거쳐 통과된 「중국공산당 중앙위원회 통지」213)가 사회적으로 널리 알려지게 되면서 문화대혁명에 대한 광범위한 논의 과정들이 있었던 것이다. 이 홍위병 조직들 가운데 청화대학 부속 중학교의 홍위병이 모택동에게 편지를 쓰고, 더불어 「무산계급혁명 조반정신 만세를 논함」이란 두 장의 대자보를 보낸 것에 대해 모택동이 적극적으로 공감하면서 전국적으로 홍위병 운동이 확장된 것이다.214) 이러한 점에 근거할 때, 홍위병 조직의 '비자발성'은 사실과 다르다는 것을 확인할 수 있다. 다만 홍위병이 운동의 초기 과정에서 '초법률적 존재'였다는 점은 확실하다. 그러나 어떤 혁명의 역사에서 기존 지배 질서를 수호하는 법률을 철저히 준수한 혁명이 있었는가를 떠올린다면, 홍위병이 법률을 초월한 존재였다는 비난은 설득력이 떨어진다.

문화대혁명 초기 과정에서 홍위병 운동의 주체는 중학생이나 대학생과 같은 젊은 청년학생들이며, 이들은 자발적으로 홍위병을 구성하여 문화대혁명에 적극적으로 참여하게 되었다. 전반적으로 볼 때, 홍위병은 10대 후반의 젊은 학생들이 주축을 이루었다. 이러한 점은 홍위병의 의식에서 그들의 앞 세대들처럼 과거 문화에 젖지 않았다는 특징을 나타

---

212) 김충렬 · 공기두, 『모택동사상론』, 일월서각, 1985, 261쪽.
213) 흔히 '5 · 16 통지'라 불리는 원문 '通知'는 다음을 참조할 것. 邢賁思 主編, 앞의 책, 511-517쪽.
214) 席宣 · 金春明, 『文化大革命簡史』, 新華書店, 1996, 113-114쪽.

낸다.215) 사회 현실의 모순을 심각하게 자신의 문제로 여긴 홍위병은 그 래서 기존 지배질서를 유지시키고 있던 '과거의 사상, 문화, 풍습, 관습' (四舊)과 '수정주의'의 권위에 대해 철저한 혁명적 파괴를 감행할 수 있 었던 것이다.216)

그렇다면 홍위병의 구체적인 이념은 무엇이었나? 문화대혁명 당시 홍 위병들이 철저히 비판했던 것은 '봉건주의'와 자본주의를 지향하는 '수 정주의' 문화였으며, 그들이 추구했던 진리의 기준은 사회주의 문화였다. 평등을 지향하는 사회주의 이념은 현실의 불평등을 철저히 파괴하는 방 향으로 구체화되었으며 그 과정에서 기존 지배질서, 심지어 공산당적 지 배질서조차도 붕괴시키는 결과를 초래했다. 따라서 홍위병의 이념은 매 우 급진적이었으며, 그들은 과거의 봉건적이고 자본주의적인 문화를 철 저히 파괴할 가능성을 현실로 만들 수 있었다. 그리고 홍위병들의 혁명 적 실천이 가장 활발하던 시기는 1966년 후반기며, 1967년을 거치면서 점차 퇴조하기 시작한다.217)

---

215) 스튜어트 슈람, 『모택동』, 김동식 옮김, 두레, 1979, 321쪽.

216) 홍위병에 대한 전반적 설명은 다음을 참조할 것. John King Fairbank, *China Watch*, Harvard University Press, 1987, 154-157쪽.

217) 문화대혁명에서 홍위병의 활동은 크게 네 시기로 나눌 수 있다. 첫째는 1966년 6월부터 8월 초까지 홍위병 조직의 수립기로 홍위병들이 자발적으 로 학교에서 '네 가지 과거의 병폐'(四舊)에 대한 비판을 중심으로 운동을 전개하던 시기다. 또한 이 당시에는 홍위병이 산발적으로 조직되었던 시 기로 사회적으로 큰 영향은 별로 없던 시기이기도 하다. 둘째는 1966년 8 월 중순부터 그해 12월 말까지 홍위병 운동의 발전기로 전국에서 문화대 혁명의 전위적 실천을 감행하던 시기다. 이 시기에 홍위병들은 전국을 돌 며 대자보를 붙이고, 민중집회를 열었으며, 과거의 문화를 철저히 파괴했 다. 이 과정에서 경쟁적으로 홍위병 조직들이 혁명 활동을 했으며, 다양한 홍위병 조직이 수없이 분화하기도 했다. 셋째는 1967년 1월부터 1968년 겨울까지 홍위병 운동의 퇴조기로 홍위병들은 사회에서 학교로 돌아가야 했지만 그 과정이 매우 더딘 시기다. 이 시기는 문화대혁명의 주류가 홍 위병에서 노동자로 바뀌는 시기와 겹치는 것이었다. 이것은 홍위병 운동 이 사회적인 실천에서 학교에서의 제한적 실천으로 전환한 것을 의미한다. 마지막은 1968년 겨울부터 지원형식을 빌린 상산하향(上山下鄕) 시기로 홍위병 운동이 새로운 변화를 겪게 된다. 한수인(Han Su-yin)에 따르면,

문화대혁명 과정에서 특히 문화대혁명 초기에 홍위병은 매우 과감한 혁명적 실천으로 혁명의 전위적 역할을 했으며, 홍위병 운동의 퇴조는 민중 중심의 문화대혁명 발전이란 점에서 바람직한 현상이기도 하다. 그런데 문제가 되는 부분은 홍위병들의 한계가 구체적으로 무엇인가라는 점이다. 나는 홍위병들이 지닌 한계를 다음과 같이 생각한다. 첫째, 홍위병의 실제 생활조건은 생산활동과 유리되어 있었기 때문에 경제적 측면에서 홍위병은 비자립적 존재란 한계를 지니고 있다. 이러한 약점은 홍위병 운동이 퇴조한 계기들 가운데 하나가 사회적인 지원의 감소나 철회(구체적으로 홍위병 혁명 여행 지원 중단)에서 비롯된 것에서도 확인할 수 있다. 둘째, 홍위병의 조직은 자발적으로 구성된 장점이 있지만, 혁명을 지속적으로 끌고 갈 수 있는 통일적인 집중을 결여한 매우 느슨한 조직이었다. 예를 들어 홍위병은 전국적인 단위의 고도로 집중적인 조직을 성립시키지 못한 것이다. 셋째, 홍위병의 이념은 혁명의 과정에서 주도적인 역할을 하기에 부족하였다. 다시 말해 홍위병의 이념적 지향은 급진적인 것이 분명했지만, 전체 문화대혁명을 이끌 만큼의 구체적인 혁명적 이론화에는 도달하지 못했다. 이러한 홍위병의 몇 가지 한계에도 불구하고 문화대혁명 초기 과정에서 중요했던 그 전위적 역할은 높게 평가받을 가치가 있다. 스스로를 홍위병이라 불렀던 젊은 학생들이 문화대혁명을 실질적으로 전개한 것은 백 마디 공허한 말보다 중국사회에 훨씬 큰 영향을 미친 것이다.

1968년 겨울 중학교의 훌륭한 홍위병들 2백만 명이 육체노동을 통한 재교육을 지원하였다고 한다. 한수인, 『모택동전기』4, 김자동 옮김, 일월서각, 1987, 136쪽.

4절 문화대혁명의 민중 혁명적 특성

　젊은 홍위병 학생들이 일으킨 문화대혁명의 불길은 중국 사회 전체를 삼켜버렸으며, 수많은 사람들이 문화대혁명에 관심을 갖고 직간접적으로 문화대혁명과 관계를 맺게 만들었다. 이 과정에서 민중은 자신의 일상생활에서 큰 변화를 체험하게 된다. 예를 들어 문화대혁명 초기 노동자나 농민은 학교나 거리에 붙은 대자보를 접하고 각종 혁명집회를 체험하게 된다. 이 가운데 학교 문턱에 가보지도 못했던 민중이 대학교를 자유롭게 출입하며 문화대혁명을 경험한 것은 지식을 독점했던 기존 교육기관의 해체와도 같은 실질적 의미가 있는 것이다. 예를 들어 문화대혁명 시기 강조되었던 민중 중심의 교육은 다음과 같이 해석할 수 있다. "실천에서 배운 것을 통한 교육이론의 확대와 대학생과 교수의 육체노동의 체험, 노동자와 농민들도 또한 가르칠 수 있게 하고 엘리트 교육보다는 대중교육 우선 등의 합리적인 제도를 위한 계획의 중점은, 특권층을 실제적으로 제거한다는 감정에서 시도되었던 것이다."[218] 그리고 무엇보다 노동자와 농민이 문화대혁명에 뛰어들자, 어느 누구도 통제하기 어려울 만큼 급속히 그리고 전면적으로 문화대혁명이 전개될 수 있었다.[219]

　문화대혁명의 전개과정에서 중국 공산당의 고위 간부 또는 원로 간부는 당내에서 비판의 과정을 거쳐 권력을 잃었는데, 이러한 현상이 민중의 일상생활에 미친 영향은 그다지 크지 않았다. 민중에게 직접적인 관계가 있었던 사람은 각 생산 단위의 공산당 간부들이었으며, 그들은 민중에게 곧바로 비판의 대상이 되곤 하였다. 1949년 중국 공산당이 혁명을 통해 민중의 해방을 쟁취한 후, 민중들은 목숨을 내걸고 혁명전쟁에

---

218) 양재혁, 『동양사상과 마르크시즘』, 일월서각, 1987, 140쪽.
219) 조너선 D. 스펜스, 『현대중국을 찾아서』2, 김희교 옮김, 이산, 1998, 207쪽.

나선 공산당 간부들을 존경의 대상으로 여겼으며, 일정한 특혜를 당연한 것으로 받아들였다. 그러나 중국이 사회주의적 개조 과정을 거치면서, 민중이 일상생활에서 피부로 느끼는 공산당 간부와의 불평등한 관계는 대립적 상황을 발생시킬 수밖에 없었고, 그 대립은 심각한 계급적 문제로까지 전개되었다. 문화대혁명 당시 중국은 민중과 공산당 간부의 사회적 모순이 매우 심화된 상황에서 민중 계급과 반민중 계급의 치열한 대립이 전개된 것이다.

이런 가운데 홍위병이 앞장섰던 문화대혁명에 민중 특히 노동자가 뛰어든 것은 매우 중요한 의미가 있다. 노동을 통해 사회의 기본적인 재생산 구조를 가능하게 만드는 노동자가 혁명의 주체가 되어 실질적인 권력의 장악을 위한 혁명 투쟁을 전개한 것은 문화대혁명의 비약적 발전인 것이다. 예를 들어 1967년 1월 중국의 대도시 상해에서 전개된 노동자 투쟁은 대표적인 사례다. 특히 강고한 기존 권력이 상해시 당위원회의 수중에 있었다는 점에서 상해 노동자의 혁명 투쟁은 결코 쉽지 않은 과정이었음을 확인할 수 있다. 상해 노동자들은 바로 공산당의 고위 간부들로 구성된 상해시 당위원회를 상대로, 그리고 당위원회가 이끄는 관변적 대중들에 맞서 치열한 투쟁을 전개하게 된다. 시가전을 불사하는 이 무장투쟁 과정에서 상해 노동자 조직들은 서로 연합하여 상해시 당위원회의 권력을 쟁취하였으며, 드디어 1967년 2월 14일 노동자들은 1백만 집회를 통해 상해 코뮌(上海人民公社)을 구성하게 된다. 이 과정에서 주도적인 역할을 한 왕홍문, 장춘교, 요문원 등은 노동자의 이익을 철저히 대변한 혁명적 지식인들이었다.

그러나 모든 지식인이 혁명적이었던 것은 아니다. 오히려 수많은 지식인들이 반혁명적인 태도와 의식에서 벗어나지 못했으며, 많은 경우 혁명의 대상이 되는 경우가 비일비재했다. 이렇게 혁명의 대상이 된 지식인들은 문화대혁명 초기에 학교의 교사들이나 각 단위의 일반 간부들이 대부분이었는데, 차츰 문화대혁명이 격렬하게 진행되면서 영향력 있던 교수나 고위 당간부로 혁명 대상이 상승했다. 이렇게 된 원인은 지식인

특히 교육자의 경우, 중국이 해방되기 전에 학교에서 교육을 담당하고 있었는데, 해방된 이후에도 과거의 교육 방식을 스스로 개선하는 노력이 부족했으며, 나이가 들수록 의식을 전환하기란 매우 힘든 상황이었다. 그리고 공산당 간부들은 현실적 특혜에 안주하며 부정과 부패를 일삼았다. 그래서 유명한 교수나 고위간부가 홍위병이나 민중에게 '자본주의적 학술 권위자'나 '자본주의의 길을 가는 실권파' 등으로 비판을 받게 된 것이다. 이에 비해 혁명적 지식인들은 민중과 함께 문화대혁명을 현실 속에 구현하기 위해 노력했으며, 결국 상해에서는 민중과 혁명적 지식인이 민중의 자치권력이라 할 수 있는 상해 코뮌을 성립시키게 되었다.

이 상해 코뮌의 의미는 문화대혁명이 단지 문화 영역에 국한된 비판에 머문 것이 아니라, 민중이 기존의 공산당 권력을 붕괴시키고 실질적인 권력을 장악했다는 점에서 진정한 혁명적 의미가 있었던 것이다. 이 혁명은 민중의 자각적인 실천을 통해 성공할 수 있었으며, 이 속에는 치열한 계급의식이 존재할 수 있었다. 의식의 발달과정이란 측면에서 보면, 민중의 계급의식은 처음부터 대자(對自; für uns; 중국식 표현으로 自爲) 의식이었던 것이 아니고 처음에는 즉자(卽自; an sich; 중국식 표현으로 自在) 의식의 상태였다. 그러나 민중은 혁명적 실천 속에서 즉자적 의식에서 대자적 계급의식으로 고양될 수 있었던 것이다.[220] 특히 문화대혁명 당시 상해 코뮌이 '아래로부터의 혁명'을 성공시켰다는 점에서 문화대혁명을 민중의 혁명이자 민중의 계급의식의 고양으로 규정할 수 있는 중요한 근거가 된다.

그러나 문화대혁명의 주체가 분명히 노동자와 농민임에도 불구하고, 그 혁명의 성과는 절충식 타협으로 변형되었다. 예컨대 상해 코뮌은 노동자가 혁명의 주체가 되어 민중 혁명을 성공시켰으면서도, 일종의 절충

---

220) 모택동의 경우 인식의 주체로 계급을 설정하고, 노동자가 '즉자계급'에서 '대자계급'으로 발전하는 과정에서 자본주의에 대한 계급적 인식을 획득하는 것으로 해석한다. 참조. 中共中央文獻硏究室 編, 『毛澤東文集』8, 人民出版社, 1999, 391쪽.

적 합의의 산물인 상해 혁명위원회로 전환하게 된다. 이 상해 혁명위원회는 그 구성이 민중의 대표자뿐만 아니라 인민해방군 대표와 공산당 간부들로 이루어졌다는 점에서 절충적 합의의 산물이다. 따라서 상해 혁명위원회는 민중 중심의 상해 코뮌이 삼자 간 결합의 구조를 갖춘 절충적 권력기관으로 변모한 것이다. 이러한 양상은 민중 혁명과는 거리가 있는 궁극적으로 보수적인 결정이었다.[221]

이런 상황에서도 민중은 상해 혁명위원회를 '아래로부터의 혁명'의 모범으로 삼아 전국 각지에 지난한 투쟁의 과정을 거쳐 혁명위원회를 건립했으며, 이러한 현상은 이후 어떤 집단이든 혁명위원회가 구성되는 결과를 낳았다.[222] 이 혁명위원회의 구성은 고위 당간부와 민중의 치열한 대립 투쟁의 산물이었기 때문에, 그 결과 국가 주석이었던 유소기가 권력을 상실하고 죽음에까지 이르게 되었으며, 인민해방군을 대표하던 임표가 권력의 정상에 근접하게 되었다. 또한 문화대혁명의 민중혁명 결과, 권력의 핵심인 중국 공산당 중앙위원 및 후보중앙위원은 1969년 4월 개최된 제9차 전국대표대회에서 크게 재편되었는데, 새로운 중앙위원 및 후보중앙위원이 전체 279명 가운데 77%를 차지하게 되었지만, 전체 위원 가운데 군인이 차지하는 비율이 57%라는 점이 중요하다.[223] 이것은 민중혁명의 결과가 충분히 민중의 이익으로 나타나지 않았다는 것을 의미한다. 이러한 현상은 1973년 8월 개최된 제10차 전국대표대회 당시 중앙위원 가운데 75%가 노동자, 농민, 그리고 인민해방군의 일반 사병으로 구성됨으로써,[224] 민중의 권력 장악이 수치상으로는 상당 정도 이루어진 듯 보인다. 그러나 이후의 과정을 보면 권력은 여전히 소수 최고

---

221) Jonathan Spence, *Mao Zedong*, Viking Penguin, 1999, 167-168쪽.
222) 이 혁명위원회의 건립조차 결코 쉽지 않았던 것에서 문화대혁명에 반대하는 세력이 만만치 않았다는 것을 확인할 수 있다. 예를 들어 1968년 9월 5일 서장(西藏)과 신강(新疆)의 자치구에 혁명위원회가 구성되어 성(省) 단위의 혁명위원회가 완료된다. 참조. 席宣·金春明, 앞의 책, 183-186쪽.
223) 姬田光義 외, 『중국근현대사』, 편집부 옮김, 일월서각, 1985, 499쪽.
224) 한수인, 앞의 책, 184쪽.

위급 당간부에게 국한되어 있었으며, 민중이 최고 권력을 장악했다고 보기는 어렵다. 이런 점을 고려할 때, 민중의 권력 장악이 최고조에 오른 시기는 상해 코뮌의 성립 당시라고 보는 것이 정확한 파악이다.

홍위병 운동까지 포함하여 문화대혁명의 주체와 대상, 그리고 방법에 대해 살펴보면 다음과 같다. 혁명 주체의 문제에서, 문화대혁명 초기에 혁명을 일으킨 사람들은 청년 학생들과 혁명적 지식인들이었으며, 이후 노동자들이 문화대혁명의 주류를 형성하였고, 뒤이어 농민과 인민해방군이 혁명에 가담하게 되었다. 여기서 가장 중요한 혁명의 주체는 바로 노동자였다. 물론 노동자 단체가 문화대혁명 이전에 없었던 것은 아니다. 그러나 중화전국총공회(中華全國總工會)는 혁명적인 노동자 단체가 아니었으며, 단지 중국 공산당의 지시나 명령에 따르는 관변단체에 불과했고, 혁명적 민중이 주도하는 문화대혁명이 전개되면서 기존의 전국 노동자 단체인 중화전국총공회는 기능이 정지될 수밖에 없었다.225) 따라서 문화대혁명의 주체는 노동자를 중심으로 한 민중으로 규정하는 것이 타당하다.

혁명 대상의 문제에서 문화대혁명을 볼 때, 크게는 '수정주의자'와 '봉건주의자'였으며, 구체적으로 '자본주의적인 학술 권위자'나 '자본주의의 길을 가는 실권파'가 혁명의 주요 대상이었다. 좀 더 세부적으로 살펴보면 혁명의 대상은 교육기관의 교육자, 교육관료, 사회의 지식인, 공산당 내의 일반간부, 고위간부 등이었는데, 지위가 낮은 사람에서부터 시작하여 높은 사람으로 혁명의 대상이 상승하는 경향이 있다. 이것은 혁명의 과정에서 드러나듯이, 권력이 클수록 그만큼 권력을 쟁취하기도 어려웠던 것이다. 혁명 대상들 가운데 가장 중요한 것은 바로 반민중적인 공산

---

225) 마크 블레처, 앞의 책, 220-221쪽. 중국의 관변단체는 이 밖에도 앞서 거론했던 '공산주의청년단'과 여성들의 조직인 '중화인민공화국부녀연합회'(中華人民共和國婦女聯合會)가 있었다. 이러한 관변단체들은 문화대혁명 당시 일시적으로 기능이 정지되었다가, 문화대혁명이 퇴조하면서 다시 조직이 재기능하게 된다.

당 간부였다.

문화대혁명을 방법적 측면에서 볼 때, 처음에는 자유로운 의사개진이나 대자보를 이용한 폭로적 비판에서 비롯되었다.[226] 이후 민중중심의 혁명집회를 통한 직접적 비판으로, 그리고 폭력적 수단이나 무기를 동원하는 무장투쟁으로 생사를 건 투쟁으로 전개된다. 특히 무장투쟁의 방법은 문화대혁명을 더욱 격화시킨 주요한 요인으로 작용한다. 문화대혁명과정에서 인민해방군이 개입한 것은 한편으로 문화대혁명을 반대세력으로부터 방어한 측면이 있지만, 다른 한편으로 민중의 무장투쟁을 약화시키고 혁명의 성과를 절충적 방식으로 배분하는 결과를 초래했다.

이와 같이 문화대혁명의 주체와 대상 그리고 방법에 대해 종합해 보면, 문화대혁명은 혁명의 주체인 민중이 무장투쟁의 방법까지 동원하여 반민중적인 공산당 간부의 권력을 전면적으로 또는 부분적으로 쟁취한 민중혁명이다.

5절 평등 지향의 끊임없는 혁명

사상적 측면에서 문화대혁명을 살펴보면 가장 문제가 되었던 것은 '수정주의'와 '봉건주의'였으며, 그 속에 내재된 문제는 특권층의 불평등한 의식이었다. 그래서 사상투쟁 가운데 1966년부터 1971년까지 지속적

---

226) 문화대혁명 초기 4대(大)는 대명(大鳴), 대방(大放), 대자보(大字報), 대변론(大辯論)이며, 이것은 자유롭고 솔직한 의견제시와 토론을 중시한 방법이었다.

으로 이루어졌던 것은 바로 수정주의에 반대하는 투쟁이었다. 이것은 소련의 수정주의를 비판하면서, 중국 공산당 내의 수정주의를 추구하는 당간부들, 다시 말해 '자본주의의 길을 가는 실권파'에 대한 혁명의 과정이었다. 소련의 수정주의라는 것이 사회주의 체제의 자본주의적 변형이란 점에서, 중국이 수정주의를 비판하는 것은 설득력이 있었다. 그것은 잠재적인 자본주의적 경향에 대한 비판이었기 때문이다. 그러나 1972년 중국이 대표적인 자본주의 국가인 미국과 관계를 맺기 시작하면서 중국의 수정주의 비판은 차츰 설득력을 잃기 시작하였다. 이런 점에서 볼 때 1972년 이후 수정주의에 대한 비판과 함께 기존 지배질서를 옹호하여 극좌적 논리나 무정부주의를 비판하고,[227] 중국의 낙후성을 반영하는 봉건적 의식에 대한 비판이 가속화되는 현상은 충분히 근거가 있는 것이다. 예를 들어 '임표와 공자를 반대하는 운동'(非林非孔)은 바로 낙후한 봉건적 의식에 대한 철저한 비판의 대표적 사례다.[228] 이것은 또한 임표의 '천재론'에 대한 비판이자, 문화대혁명 과정에서 권력을 상실했던 간부들의 새로운 복권을 비판하는 것이기도 했다.[229] 그러나 이러한 이론적 비판작업과 함께 광범위하게 동원된 대중운동 속에서 민중은 혁명적 주체성을 상실하게 된다. 그리고 이 과정에서 민중의 혁명적 실천이나 혁명적 의식이 약화되는 현상이 발생할 수밖에 없었다.

이제 적극적으로 문화대혁명의 결과 및 영향을 평가할 때가 되었다. 문화대혁명의 결과 민중의 입장에서 바람직한 성과였던 것은 사회 전반

---

227) 邢賁思 主編, 앞의 책, 546-550쪽. 이 글의 제목은 「무정부주의는 거짓 마르크스주의 사기꾼의 반혁명 도구다」이며, 내용은 극좌와 무정부주의에 반대하는 것으로 구성되어 있다.

228) 1973년 8월 7일 인민일보에 실린 양영국의 「공자-노예제 유지를 완고하게 주장하던 사상가」라는 글은 공자 비판에 관한 대표적 논문이다. 그런데 이후 청화대와 북경대의 대비판조인 석륜, 양효의 유법투쟁 논문들은 혁명적 지식인들의 집단적인 연구 작업이란 점에서 주목할 필요가 있다.

229) 슈람은 비림비공의 실질적 목표를 당시 총리였던 주은래로 파악하고 있다. Stuart Schram, *The Thought of Mao Tse-tung*, Cambridge University Press, 1989, 182쪽.

에 걸쳐 형성된 평등주의적 제도와 이념으로 이것은 민중의 이익을 최소한도로 확보할 수 있는 계기가 되었다. 특히 교육, 의료, 여성 문제의 경우 평등주의적 제도가 문화대혁명을 통해 마련될 수 있었다. 구체적으로 살펴보면 문화대혁명을 통해 노동자나 농민 또는 그들의 자녀들은 예전에는 거의 힘들었던 대학교 진학에 성공할 수 있게 되었다.[230] 그리고 의료체계는 문화대혁명 이전에는 도시의 간부와 같은 특권층을 위한 특수 의료체계에서 노동자나 농민을 위한 일반 예방의료체계로 전환되었다. 예를 들어 '맨발의 의사들'(barefoot doctors)은 그 자신이 민중으로 논밭에서 일하면서 공동체의 다른 구성원들의 기본적인 의료문제를 해결했다.[231] 또한 문화대혁명을 거치면서 여성들은 과거에 비해 사회적으로 자신의 권리를 주장하거나 행사할 수 있게 되었다.[232] 그런데 문화대혁명의 구체적 성과 속에 깃들어 있는 가장 소중한 경험은 바로 민중혁명의 과정에서 체득한 평등주의적 사상이다. 그래서 "문화혁명은 어떤 특징보다도 그 격렬한 평등주의 사상으로 가장 잘 후세에 기록될 것이고, 경제적 불평등뿐만 아니라 신분 질서에 대한 맹타(猛打)로 기억될 것이다."[233]라는 평가가 이루어질 수 있다.

문화대혁명의 전개과정에서 노동자와 농민은 대사회적인 혁명의 주류였으며, 지식인들은 노동자와 농민에게 배우는 혁명의 대상이었다. 또한 간부들은 노동개조를 통해 스스로를 혁명의 대상으로 삼아야 했다. 그런데 이런 문화대혁명은 일시적인 혁명이 아니라 장기적인 혁명, 즉 '끊임없는 혁명'[234](繼續革命)의 논리였던 것이다. '끊임없는 혁명'에서 목표

---

230) 마크 블레처, 앞의 책, 133쪽.
231) Edgar Snow, *China's Long Revolution*, Penguin Books, 1974, 54쪽.
232) 엘리자베스 크롤, 『중국여성해방운동』, 김미경·이연주 옮김, 사계절, 1985, 370쪽.
233) 이영희 편, 『10억인의 나라』, 두레, 1993, 82쪽. 이 인용문은 아리프 덜릭의 「혁명없는 사회주의」 가운데 문화대혁명에 대한 평가의 글이다.
234) 이 '끊임없는 혁명'은 1976년 11월 6일 발표된 '민중 독재 아래 끊임없는 혁명의 이론'(無産階級專政下繼續革命的理論)에 기반을 둔 논리다. 다음을 참조할 것. 任俊明·安起民 主編, 『中國當代哲學史』下, 社會科學文獻出版社, 1999, 278쪽.

로 했던 것은 바로 사회주의적 인간형으로 누구나 사회주의적 이념에
투철한 인간이 되는 것을 목표로 하였다. 이러한 민중 중심의 '끊임없는
혁명'은 이기적인 자본주의적 인간형, 즉 수정주의자에 대한 부정인 동
시에 진부한 봉건적 인간형, 즉 봉건주의자에 대한 비판이기도 했다. 이
과정에서 매우 엄격한 사회주의적 이념이 절대적 기준으로 작용하게 되었
다.

　개인의 이익과 집단의 이익이란 측면에서 '끊임없는 혁명'의 논리를
살펴볼 때, 개인의 이익은 오직 집단의 이익 속에서만 확보되는 경향이
있다. 이러한 논리는 경우에 따라 개인의 이익을 무시함으로써, 개성의
획일화나 개인적 인격의 무시 그리고 개인 자체의 부정으로 이어지는
결과를 초래하는 것처럼 보인다. 그러나 문화대혁명이 혁명의 대상으로
삼았던 것 가운데 '세 가지 차별' 문제를 통해 이 문제를 살펴보면 다음
과 같다. 이 '세 가지 차별'은 첫째, 노동자와 농민의 차별, 둘째, 정신노
동자와 육체노동자의 차별, 셋째, 도시와 농촌의 차별이었다. 이 가운데
노동자와 농민의 차별은 도시와 농촌의 차별과 긴밀히 연관된 것으로,
중화인민공화국이 수립된 이후, 줄곧 도시 중심의 각종 정책은 일종의
농촌을 희생해 도시를 발전시키는 논리이자, 농업을 희생해 공업 특히
중공업을 육성하는 논리였다. 또한 육체노동자인 노동자나 농민과 대별
되는 정신노동자인 당간부나 지식인의 대립현상은 매우 심각한 상태였
다. 그래서 문화대혁명 과정에는 혁명적 방법을 통해 농업을 중시하며,
노동자나 농민의 주체성을 강조하면서 당간부나 지식인의 노동을 통한
개조를 시도한 것이다. 이 과정에서 개인의 이익은 전체 집단의 이익에
압도되어, 마치 개인은 실종한 것처럼 보였다. 특히 개인의 문제가 심각
하게 대두한 것은 바로 지식인의 경우였다. 중화인민공화국이 성립하기
이전 구사회에서 실질적 이익을 확보하고 있던 구지식인들의 경우 중국
의 사회주의 체제하에서 각종 이익을 박탈당하는 가운데, 개인적인 심각
한 좌절을 겪게 되어 개인의 문제를 절대시하게 되었다. 구지식인들은
나이가 많고 사회적으로 지식 권력의 크기가 클수록 사회주의적 환경에

적응하기 힘들었고, 과거의 의식이 쉽게 바뀌기도 어려웠다. 그래서 그들은 마치 개인과 집단을 완전히 대립적인 개념으로 인식하게 되었고, 개인의 이익이 우선적으로 고려되어야 할 것으로 파악한 것이다.

그러나 이익의 관점에서 볼 때 개인과 집단을 대립적으로 설정하는 것은 매우 추상적인 대립 구도이며, 그렇게 파악하는 것은 주로 혼자서 작업하는 지식인의 이념적 개념인 것이다. 노동자나 농민은 일찍이 노동을 통해 추상적인 개인 개념이 아닌 집단 속에서 수많은 사회적 관계를 형성하고 있는 자신의 삶을 통해 집단과 대립되는 개인만의 이익은 상상하기조차 어렵게 된다. 이런 점에서 민중에게 개인의 이익은 항상 집단의 이익과 결부될 수밖에 없었던 것이다. 문화대혁명 당시 농민이 인민공사의 생산대에서 노동할 경우, 개인의 이익이 확보되기 위해서는 생산대라는 집단의 생산이 충분할 경우에 한해서이기 때문에 집단의 문제를 자신의 문제로 생각할 수 있었다. 따라서 노동자나 농민은 집단 속에서 평등 지향의 '끊임없는 혁명'의 논리를 배경으로 집단의 이익과 자신의 이익을 동일시하는 것은 충분히 가능한 현상이다.

그렇다면 '끊임없는 혁명'의 논리가 지닌 의미는 무엇인가? 인간 사회는 어떤 사회든 문제나 모순을 안고 있고, 그 문제나 모순을 중심으로 대립과 투쟁이 발생한다. 이런 의미에서 거시적인 역사의 진보는 민중의 '끊임없는 혁명'을 요구하는 것이다. 그러나 사회적인 대변화로 민중 혁명을 파악할 때, 민중혁명은 흔히 나타나는 현상은 아니다. 왜냐하면 사회의 불평등한 모순이 극단적으로 표출되고 혁명 주체인 민중의 계급적 기반이 확고할 때, 민중 혁명의 성공은 가능한 일이기 때문이다. 그리고 일시적으로 민중혁명이 성공하였다고 해도, 혁명 이후에는 항상 반동적인 작용이 나타나곤 한다. 또한 혁명을 이끌고 성공한 혁명가들의 경우 수많은 특혜를 누리게 되며, 대개의 경우 보수적인 자세를 취하게 된다. 이러한 반동적 현상들은 역설적으로 인간 사회는 혁명 이후에도 민중을 중심으로 평등지향의 새로운 '끊임없는 혁명'을 절실히 필요로 한다는 것을 분명히 보여준다.

6절 글을 맺으며

문화대혁명은 동란인가? 아니면 혁명인가? 지금까지의 논의를 바탕으로할 때, 민중의 관점에서 보면 문화대혁명은 분명 동란이 아니라 혁명이다. 왜냐하면 문화대혁명이 중국 각지로 확대되면서 학생 중심의 홍위병 운동에서 노동자와 농민이 주체인 민중혁명으로 발전한 점, 민중이 당시 권력의 지배 질서를 파괴하고 권력을 쟁취한 점, 문화대혁명 시기 평등 지향의 각종 정책이 수립된 점으로 볼 때, 문화대혁명을 민중 중심의 혁명으로 규정하는 것이 타당하기 때문이다. 따라서 중국의 문화대혁명은 역사적 진보의 흐름을 역행한 동란이 아니라 중국 사회의 모순을 철저히 극복하려는 민중 중심의 '끊임없는 혁명'이며, 노동자 및 농민을 포괄하는 민중 계급의 목적의식적인 사회적 실천을 통해 민중의 평등한 사회를 추구했던 민중 중심의 혁명이다.

그런데 중국의 문화대혁명은 완결되지 못한 혁명이며, 문화대혁명의 "길은 멀고, 그 길은 험하다."[235] 문화대혁명의 역사적 의미는 현실적으로 완결되지 못한 혁명에 있는 것이 아니라, 한 사회에 모순이 있는 한 '끊임없는 혁명'이 전개될 수밖에 없다는 점에 있다. 특히 문화대혁명의 결과 민중의 정치적 평등의식의 고양, 민중을 위한 의료 체계의 수립, 민중의 실천 중심의 지식계 형성, 불평등한 성적 차별의 완화라는 일정한 성과를 가능하게 만들었다. 또한 중국의 문화대혁명은 국내뿐만 아니라 1968년 유럽의 학생 운동에도 적지 않은 영향을 미쳤다. 예를 들어 프랑스와 독일에서는 학생들이 문화대혁명의 영향을 받아 사회 변혁 조직을 구성하기에 이르렀다.[236]

그러나 이 문화대혁명의 소중한 성과들은 불과 몇 년이 걸리지 않아

---

235) Edgar Snow, 앞의 책, 29쪽.
236) 김도종 편역, 『세계의 학생운동』, 도서출판 힘, 1993, 독일의 경우는 235쪽, 프랑스의 경우는 276쪽 참조.

등소평을 중심으로 새롭게 역사적 평가를 받으면서 역사의 뒤안길로 사라지게 된다. 결과적으로 볼 때, 민중 중심의 문화대혁명은 민중의 혁명적 실천의 약화와 혁명의식 퇴조 과정을 거치면서, 공산당 간부와 지식인 집단의 집요한 반대에 부딪혀 결국 실패로 끝나고 말았다. 이러한 것은 등소평이 주도하는 개혁·개방의 과정에서 문화대혁명 시기 수립되었던 각종 평등 지향적인 제도와 기구들이 철폐되는 현상에서 확인할 수 있다. 정치적 측면에서 등소평은 '해방사상'을 강조했지만,237) 이러한 이념이 전제하는 것은 경제적 동기 유발을 통한 생산력 우선 정책이며, 이것은 민중의 희생을 바탕으로 철저히 불평등한 사회를 지향하는 자본주의적 논리다. 사상적 측면에서는 문화대혁명 이후 '끊임없는 혁명'과 대비되는 개혁·개방의 체계화 과정에서 인도주의와 소외, 생산력 표준, 마르크스주의 철학체계의 새로운 구상, 철학의 기본문제, 마르크스에 대한 새로운 이해, 모택동 사상에 대한 새로운 인식, 주체 철학, 서양철학 등에 대한 수많은 토론과 논쟁들이 우후죽순으로 전개된다.238) 특히 모택동 사상에 대한 역사적 재평가는 모택동 사상의 역사적 의의를 거부하지 않는 한도 내에서 모택동 말년의 일부 오류를 지적하는 방법으로 적당히 얼버무리고 있지만, 사실 이러한 재평가의 논리는 평등한 사회를 지향하는 '끊임없는 혁명'을 포기하고 오로지 강대한 국가만을 추구하는 중국식 개혁·개방의 불평등한 이념 속에서 등장한 것이다.

이와 같은 중국 공산당의 개혁·개방의 체제가 불평등한 현재의 사회 모순을 앞으로도 더욱 심화시키게 된다면, 평등 지향적인 문화대혁명을 온몸으로 체험한 중국의 노동자와 농민이 그 불평등한 사회적 모순에 맞서 평등한 사회를 위한 혁명의 불길을 언제든 다시 일으킬 것이다.

---

237) 中共中央文獻編輯委員會 編, 『鄧小平文選』2, 人民出版社, 1994, 141쪽. 등소평의 해방사상과 실천표준의 문제에 관한 설명은 다음을 참조할 것. 郭建寧 主編, 앞의 책, 136-145쪽.
238) 각각에 대한 구체적 논의들은 邢賁思 主編, 앞의 책, 623-736쪽에 소개되어 있다.

참고문헌

郭建寧 主編, 『當代中國哲學綱要』, 北京, 北京大出版社, 1996.

김도종 편역, 『세계의 학생운동』, 서울, 도서출판 힘, 1993.

김충렬 · 공기두, 『모택동사상론』, 서울, 일월서각, 1985.

戴知賢, 『毛澤東文化思想硏究』, 北京, 中國人民大出版社, 1992.

마크 블레처, 『반조류의 중국』, 전병곤 · 정환우 옮김, 서울, 돌베개, 2001.

席宣 · 金春明, 『文化大革命簡史』, 北京, 新華書店, 1996.

스튜어트 슈람, 『모택동』, 김동식 옮김, 서울, 두레, 1979.

양재혁, 『동양사상과 마르크시즘』, 서울, 일월서각, 1989.

엘리자베스 크롤, 『중국여성해방운동』, 김미경 · 이연주 옮김, 광주, 사계절, 1985.

이영희 편, 『10억인의 나라』, 서울, 두레, 1993.

李澤厚, 『中國現代思想史論』, 北京, 東方出版社, 1987.

任俊明 · 安起民 主編, 『中國當代哲學史』上下, 北京, 社會科學文獻出版社, 1999.

조너선 D. 스펜스, 『현대중국을 찾아서』2, 김희교 옮김, 서울, 이산, 1998.

竹內實 編, 『中國近現代論爭年表』上下, 京都, 同朋舍出版社, 1992.

中共中央文獻硏究室 編, 『毛澤東文集』1-8, 北京, 人民出版社, 1993-1999.

中共中央文獻編輯委員會 編, 『鄧小平文選』1-3, 北京, 人民出版社, 1993-1994.

中共中央文獻編輯委員會 編, 『毛澤東選集』1-4, 北京, 人民出版社, 1991.

중국공산당 중앙문헌연구실 편, 『정통중국현대사』, 허원 옮김, 서울, 사계절, 1990.

秦英君, 『當代中國哲學思想史』, 開封, 河南大學出版社, 1999.

한수인, 『모택동전기』4, 김자동 옮김, 서울, 일월서각, 1987.

邢賁思 主編, 『中國哲學五十年』, 沈陽, 遼海出版社, 1999.

姬田光義 외, 『중국근현대사』, 편집부 옮김, 서울, 일월서각, 1985.

Edgar Snow, China's Long Revolution, Middlesex, Penguin Books, 1974.

John King Fairbank, China Watch, Cambridge, Harvard University Press, 1987.

Jonathan Spence, Mao Zedong, New York, Viking Penguin, 1999.

Stuart Schram, The Thought of Mao Tse-tung, Cambridge, Cambridge University Press, 1989.

Abstract

The Great Cultural Revolution by Minjung's Viewpoint
─As the center of Minjung's Revolution of Point to Equality ─

Kim, Won─Yeol

This thesis is written for the purpose to argue the Great Cultural Revolution is Minjung(labor, peasant)'s Revolution of Point to Equality. Until today studies on the Great Cultural Revolution have been based on a methode by the intellectuals' viewpoint for the most part. In contrast with it, I use an way of Minjung's viewpoint. My arguements are this: The first, major contradictions between Minjung and Excutives stirred up the Great Cultural Revolution. The second, the Red Guards were avantcouriers in the Great Cultural Revolution, they were closely connected with Minjung's Revolution. The third, the Great Cultural Revolution was not the Court a coup d'etat but Minjung's Revolution. Especially Minjung make rapid progress from 'an sich' to 'fur sich' in the development of episteme. The fourth, the Great Cultural Revolution was the Continuous Revolution of Point to Equality. Therefore I conclude the Great Cultural Revolution is Minjung's Revolution for class profits.

Subject Sphere: *Chinese Modern Philosophy, Social Philosophy, Cultural*

Philosophy, Epistemology, Methodology.

Key Words: The Great Cultural Revolution, Equality, Class, Minjung, Continuous Revolution.

제 5 장

유교 민주주의론에 대한
비판적 고찰

제 5 장

유교 민주주의론에 대한
비판적 고찰[239]

---

[239] 논문 출처: 김원열, 「유교 민주주의론에 대한 비판적 고찰」, 『우리 시대의
민주주의에 대한 철학적 반성과 전망』, 범한철학회 봄 학술발표회 자료집,
범한철학회, 2002, 41－66쪽.

1절 글을 시작하며

　이 연구는 최근 한국 사회에서 전개되고 있는 유교 민주주의론의 주장과 논리적 근거에 대해 체계적으로 고찰하여 유교 민주주의론의 문제점들 가운데 특히 권위적 전체주의를 철저히 비판하는 것을 목적으로 한다.

　민주주의는 어떤 정부도 자신의 정치이념이나 정치체제의 정당성으로 자주 이용되는 정치적 구호다. 또한 이것은 경제적 사회구성체가 어떠한 국가든 자발적으로 채택하는 이상적인 정치사상이기도 하다. 그러나 표면적인 구호나 이상적인 정치사상과는 달리 현실적으로는 반민주적인 독재 국가들도 있다는 것은 엄연한 사실적 문제다. 그렇다면 민주주의란 무엇인가? 민주주의에 관한 수많은 논의와 피의 대가가 있었음에도 불구하고, 아직 공통된 개념적 합의가 이루어지지 않고 있다. 이 개념 규정의 어려움이 발생하는 원인에 대해 로버트 달은 민주주의에 관한 논의가 오래되었음에도 불과하고, "아이러니컬하게도 민주주의가 그만큼 오랜 역사를 가졌다는 점이 동 개념에 대한 혼란과 이견(異見)을 조장하였는데, 이는 '민주주의'가 상이한 시간과 상이한 장소에서 상이한 사람들에게 상이한 의미를 지녀 왔기 때문이다"[240]라고 분석한다. 그러나 민주주의에 대한 개념 규정이 없다면, 민주주의는 과학적 연구의 대상이 아니라 공허한 논의의 대상이 될 것이다. 따라서 나는 민주주의를 지배 권력 형태들 가운데 하나로 보고, 일인이나 소수의 독재가 아닌 다수 민중이 권력의 주체이자 객체인 정치체제로 규정함을 미리 밝힌다.[241]

---

240) 로버트 달, 『민주주의』, 김왕식 외 역, 서울, 동명사, 1999, 17쪽.
241) 법철학자인 보비오는 민주주의를 다음과 같이 정의한다. "민주주의

그런데 본 연구의 대상이 되는 '유교 민주주의론'은 민주주의에 대한 엄밀한 개념 규정 없이 담론을 전개하고 있다. 예를 들어 유교 민주주의론의 대표적 논자인 함재봉은 민주주의에 과학적인 개념 규정 없이 유교 민주주의를 '아시아적 가치의 하나인 유교를 바탕으로 한 비(非)자유주의적 민주주의로 설정'[242]한다. '유교 민주주의'의 개념 규정에 관한 구체적인 문제는 본론에서 다룰 것이므로, 여기서는 먼저 현재 한국 사회에서 전개되고 있는 '유교 민주주의론'이 누구에 의해 어떠한 문제의식에서 수행되고 있는지를 검토할 필요가 있다. 왜냐하면 문제의식은 어떤 이론의 지향점을 파악하는 데 중요한 판단 자료가 되기 때문이다.

현 한국 사회에서 '유교 민주주의론'의 직접적 주창자는 함재봉이다. 그는 1997년부터 지금까지 『전통과 현대』라는 계간지를 중심으로 김석근, 유석춘, 이승환 등과 함께 유교 자본주의, 아시아적 가치, 유교 민주주의에 관한 담론을 확대 재생산하고 있다. 『전통과 현대』의 담론 흐름은 어떤 특색이 있는가? 이에 대해 이승환은 아시아적 가치에 관한 담론을 네 가지로 분석하는 가운데 다음과 같은 평가를 내린다. "아시아적 가치는 동양에서, 제가 "탈식민적 논쟁"(post-colonial debate)이라고 부르고자 하는 논의에 깊이 관계하고 있는 전병재 교수나 함재봉 교수 같은 이들에 의해서 사용되고 있습니다. 그들은 계간지 『전통과 현대』를 통하여 토착적인 정치문화와 도덕교육을 확립하려는 노력을 기울이고 있습니다. 그들은 서구문화의 보편주의적 경향들을 상쇄하는 문제에 관심을 가지고 있습니다."[243] 여기서 알 수 있듯이 문제의식의 핵심은 서

(democracy)는 통치 형식의 하나로서, 통치의 힘, 즉 통치권이 한 개인이나 몇몇 소수의 수중에 장악되어서는 안 된다고 믿는 신조이다." 참조. 노르베르토 보비오, 『자유주의와 민주주의』, 황주홍 역, 서울, 문학과 지성사, 1992, 11쪽.

242) 함재봉, 『유교 자본주의 민주주의』, 서울, 전통과 현대, 2000, 120쪽.

243) 이승환은 이 담론 분석을 통해 아시아적 가치에 전개하는 사람들의 담론을 '내재적 제국주의자들', '외재적 제국주의자들', '서양의 낭만주의자들', '탈식민적 논쟁'으로 분류하고 있다. 함재봉 외 편, 『유교민주주의, 왜 그리고 어떻게』, 서울, 전통과 현대, 2000, 35-37쪽. 특히 인용은 37쪽.

양 중심의 오리엔탈리즘(orientalism)에 대한 비판적 문제의식이다. 그런데 이러한 자기 평가는 『전통과 현대』의 담론이 지닌 긍정적 측면을 최대한 부각한 결과다. 이 긍정적 평가가 문제되는 것은 비판적인 자기-부정의 방법이 결여되었다는 점이다.

이에 반해 김홍경은 『전통과 현대』의 논의가 '문화적 보수주의를 넘어서 정치적 보수주의의 색채를 띤다는 점'을 비판적으로 바라보고, "국가의 시장개입과 연고주의로 대표되는 한국적 경제발전의 환경을 억지로 서구의 것으로 만들려고 하는 것은 옳지 못하다는 주장에서 드러나듯이, 이들은 특혜금융과 재벌정책, 정경유착, 학연·지연·혈연에 의한 파벌형성 등 한국적 구조의 고질적 병폐를 유지하려는 세력에게 도움을 주고 있는 것이다"[244]라고 평가한다. 이러한 비판적 평가는 『전통과 현대』의 담론에 참여하는 지식인들이 모두 동일한 세계관을 공유하고 있다는 것을 전제로 한 평가다. 그러나 이것은 엄밀한 체계적 분석의 결과가 아니다. 왜냐하면 이 비판적 평가는 논자들의 다양한 차이를 분별하여 평가하지 않기 때문이다.

예를 들어 유석춘은 혈연·지연·학연의 문제에 대해 동아시아의 유교 자본주의에서 거래비용을 줄이는 가장 확실한 수단으로 파악할 정도로 '유교 자본주의'에 대해 매우 긍정적이고 적극적으로 평가한다.[245] 이런 점에서는 함재봉도 유교 자본주의의 존재를 긍정적으로 인정하고 있기에 '유교 자본주의'에 대해 유석춘과 동일한 평가를 내리고 있다.[246] 그러나 이승환은 유교 자본주의라는 용어 자체를 비판적으로 보고 다른 적합한 사회과학적 개념을 제안한다.[247] 그리고 김석근은 유교 자본주

---

244) 김홍경, 「유교자본주의론의 형성과 전개」, 『동아시아 문화와 사상』, 서울, 열화당, 1999, 24쪽.
245) 유석춘, 「'유교자본주의'의 가능성과 한계」, 『전통과 현대』, 서울, 전통과 현대, 1997년 여름호, 86-87쪽.
246) 함재봉, 「경국제민과 한국자본주의」, 『전통과 현대』, 서울, 전통과 현대, 1997년 겨울호, 16-19쪽.
247) 이승환, 「반유교적 자본주의에서 유교적 자본주의로」, 『동아시아 문화와

에 대해 조심스런 관망적 자세를 취하고 있다.248) 이 밖에도 김병국, 김문식, 김형철 등 많은 지식인들이 저마다의 학문적 방법과 세계관을 동원하여 '유교 자본주의'를 다양하게 평가하고 있는 것이다.249) 본 연구에서 나는 이러한 담론들의 다양성을 무시하진 않지만, 중심 주제인 '유교 민주주의'의 경우 직접적 논자인 함재봉의 주장과 그 논리적 근거를 중심으로 비판적 논의를 진행시킬 것이다.

이 연구의 방법은 철저히 과학적 분석에 입각한 비판적 평가를 견지할 것이다. 다시 말해 본 연구는 단순히 '유교 민주주의'에 관한 일반적 소개나 개괄적 설명의 방식이 아니라 함재봉의 유교 민주주의론에서 전개되는 중요한 내용들을 구체적이고 체계적인 분석의 대상으로 삼을 것이다. 그리고 무엇보다 현대 한국 사회에서 전개되고 있는 '유교 민주주의론(유교 민주주의에 관한 함재봉의 담론)'에 대해 모호한 절충적 평가가 아니라 철저히 비판적으로 평가할 것이다. 왜냐하면 '유교 민주주의론'은 현대 한국 사회에서 논리적, 현실적 문제를 안고 있는 담론이기 때문이다.

이 글의 구성은 우선 '유교 민주주의론'의 형성 배경과 '유교 민주주의' 개념의 문제에서 시작한다. 그리고 유교 민주주의론의 존재론, 인식론, 당위론을 분석하고 비판한 뒤, 가족 및 국가의 문제에서 유교 민주주의론이 다름 아닌 '권위적 전체주의'의 독재논리라는 점을 비판적으로 논증할 것이다. 마지막으로 글을 마무리하면서 본론의 논의들을 간략히 정리하고 비판적 평가를 총결할 것이다.

사상』, 서울, 열화당, 1999, 67쪽.

248) 김석근, 「자유주의와 유교-만남과 갈등 그리고 화해」, 『전통과 현대』, 서울, 전통과 현대, 1997년 겨울호, 128-129쪽.

249) 예를 들어 『전통과 현대』(1997년 여름호) 창간호에 김병국의 「반(反)유교적 유교정치」, 장현근의 「공자는 과연 살아날 수 있는가」, 김형철의 「현대의 도덕관과 유교의 도덕관」, 김문식의 「조선의 지도자 교육과 현대의 보편교육」 등이 실려 있다.

2절 유교 민주주의론의 배경과 개념적 특성

함재봉에 따르면, 유교가 관심을 끈 현실적 배경에는 동아시아 3국인 일본, 대만, 한국의 상대적으로 급속한 경제성장이 있다고 한다.[250] 특히 유교가 일부 학자들에게 주목을 받게 된 데에는 그 급속한 경제성장이라는 현상이 큰 영향을 미쳤다. 이와 같은 동아시아의 경제 급성장의 원인을 경제학자들이 분석하는 가운데 문화적 측면에서 유교권 국가라는 가정하에 유교 자본주의론이 태동하였다. 그리고 이후 정치적 측면에서 미국식 가치에 대한 대립 개념으로 아시아적 가치론이 정치적인 동기를 발판으로 활발하게 전개되었다. 그리고 최근에는 아시아적 가치들 가운데 하나로 유교를 거론하며 서구식 자유주의에 대한 대안으로 유교민주주의가 대두된 것이다.[251]

그러나 동아시아나 아시아라는 용어부터가 문제가 된다. 어디까지 동아시아나 아시아의 외연을 확정 지을 수 있는가? 일본, 대만, 한국은 동아시아의 일부지 않는가? 그리고 아시아적 가치를 내세운 싱가포르나 말레이시아 및 인도네시아의 경우는 어디에 속하고, 인도나 아프가니스탄은 어디에 속하는가? 또한 일본의 경제성장 과정과 대만 및 한국의 경제성장 과정이 다른데 이것을 하나로 설명할 수 있는가? 게다가 경제의 성장이 둔화되거나 하강하는 현상은 또 어떻게 설명하는가? 근본적으로 정말 일본, 대만, 한국이 유교가 지배적인 유교권 국가인가?[252] 이

---

250) 함재봉, 『유교 자본주의 민주주의』, 18쪽.
251) 이것은 함재봉이 유교 자본주의론이나 아시아적 가치 그리고 유교민주주의론의 발생 배경에 대한 포괄적 설명들을 간추린 것이다. 참조. 같은 책, 특히 18−24쪽, 78−81쪽, 118−120쪽.
252) 레벤슨은 근대 이행기의 중국을 '유교의 중국과 그 근대적 운명'이라는 제목으로 논의를 전개하였다. 참조. Joseph R. Levenson, Confucian China and Its Mordern Fate, Berkeley, Univerty of California Press, 1966. 그러나

와 같이 가장 기초적인 의문들이 사라지지 않는 것은 그만큼 유교 자본주의론이나 아시아적 가치 그리고 유교 민주주의론의 발생 배경에 대해 설득력 있는 현실적 논리가 부재하고, 유교 민주주의론의 논리 전개가 일관성이 떨어지기 때문이다.

유교 민주주의론의 바탕이 되는 경제적 사회구성체는 자본주의다. 유석춘은 한편으로 자본주의 개념에 대한 엄밀한 규정을 하지 않지만, 다른 한편으로 '유교 자본주의'라는 용어를 적극적으로 인정하고, 유교와 자본주의의 조화가 어떻게 이루어지고 있는지에 주목한다.[253] 함재봉은 유교 자본주의에 대해 개념적으로 엄밀하게 규정하고 있지는 않다. 다만 경험적으로 현재 한국이 자본주의 사회라는 것과 앞으로도 자본주의가 지속될 것이라는 가정하에 유교자본주의를 인정하고,[254] 유교 자본주의론의 이론적 가치를 다음과 같이 주장한다. "현재 한국의 지식인들 앞에 놓여 있는 이론과 사상들 중에서 한국 근대화의 경험을 가장 잘 설명해주고 그 논리와 지향점을 가장 설득력 있게 보여주는 것은 사회주의도, 자유주의도, 자본주의도 아닌 '유교론', 즉 아시아적 가치론과 동아시아 경제발전론, 그리고 유교자본주의론이다."[255] 이에 비해 이승환은 보다 구체적으로 한국의 자본주의를 '유교 자본주의'라는 개념보다 '국가독점 자본주의' 혹은 '개발독재 자본주의'라는 사회과학적 개념을 사용할 때 그 특성이 명료하게 드러날 수 있을 것으로 보고 있다.[256] 확실히 한국의 경제적 사회구성체에 대한 구체적이고 과학적인 분석을 바탕으로 한다면, 한국이 유교 자본주의 사회라는 결론이 나올 수 없을 것이다.

함재봉은 자신이 유교에 주목하는 이유를 다음과 같이 설명한다. "유

유교가 지배 이념일 경우에는 이런 표현이 가능하지만, 현재 일본이나 대만 그리고 한국의 지배 이념은 더 이상 유교가 아니다. 따라서 섣불리 유교 국가니 유교권 국가니 하는 표현을 자의적으로 사용해서는 안 된다.
253) 유석춘, 앞의 책, 75쪽.
254) 함재봉, 「경국제민과 한국자본주의」, 앞의 책, 같은 곳.
255) 함재봉, 『유교 자본주의 민주주의』, 114쪽.
256) 이승환, 「반유교적 자본주의에서 유교적 자본주의로」, 앞의 책, 같은 곳.

교는 서구의 사회과학을 통해서는 제대로 포착될 수 없는 한국정치, 사회 고유의 틀을 제공해 주고 있는 사상이다. 따라서 유교의 작동 원리를 밝히는 것은 곧 한국 정치의 논리를 밝히는 길이 된다. 이에 더하여 유교는 포스트모더니즘을 통해서 드러나는 근대사상의 한계와 공백을 이해하고 메우는 데 있어 매우 적절한 비교적인 관점 내지는 대안을 제공해 준다. 존재론이나 인식론, 제도론이나 인성론에서 유교는 근대사상이 이미 해체시켜 버린 부분들을 간직하고 있다. 따라서 포스트모더니즘이 지적하는 근대 사상의 단점과 한계를 극복할 수 있는 철학적, 사상적 역량을 유교는 갖고 있는 셈이다."[257] 그의 논지는 첫째 유교가 한국 정치를 규명하는 데 가장 적합하다는 것이고, 둘째 유교가 근대 사상을 극복할 수 있는 사상이라는 것이다. 그에 따르면 유교가 한 번에 두 가지 과제를 동시에 해결해 주는 셈이니, 유교의 특수성과 보편성으로 한국의 현실과 미래를 설명하고자 적극적으로 시도하는 것이다. 여기서 그의 '유교 민주주의론'이 전개되는 배경을 알 수 있다.

한국의 대부분 학문 분과가 그렇듯이 이른바 선진국의 학문 수입상 역할을 하던 지식인의 한계와 고민은 이론과 현실의 괴리감으로 모아진다. 그래서 많은 지식인들이 끊임없이 새로운 학문적 상품 개발에 눈을 돌리는 것은 너무나 당연한 현상이다. 게다가 함재봉의 '유교 민주주의론'과 같이 유교가 현재 한국인의 삶을 규정하고 있는 자본주의적 생산양식이나 민주주의와 동거하거나 심지어 극복할 수 있다는 주장은 많은 사람들의 관심을 끌기에 충분하다. 그러나 실제로 '유교 민주주의론'이 그러한가? 이 문제를 규명하기 위해서는 먼저 유교 민주주의란 무엇인가를 개념적으로 엄밀하게 검토해 봐야 한다.

유교 민주주의란 무엇인가? 함재봉은 자유민주주의가 바탕에 깔고 있는 개인주의를 비판하고 공동체주의를 옹호하는 입장에서, 다음과 같이 유교민주주의를 규정한다. "유교민주주의란 다름 아니라 종교, 계급, 인

---

257) 함재봉, 『탈근대와 유교』, 서울, 나남출판사, 1998. 5쪽.

종, 지역간의 갈등을 긍정하거나 활용하지 않고 보다 공동체주의적인 민주주의를 모색하고자 하는 문제의식에서 출발한다. 한국사회의 도덕적 합의를 바탕으로 한 강력한 통합력을 유지시키면서 건설적인 방향으로 유도하기 위한 제도적 장치를 마련하는 것이 유교민주주의의 핵심이다."258) 또한 다음과 같이 다시 한 번 힘주어 유교 민주주의를 강조하고 있다. "자유주의가 요구하는 가치관과 제도들을 수용하지 않는 가운데서도 민주주의를 정착시키고자 하는 것이 곧 아시아적 가치론과 유교민주주의론의 핵심이다."259)

여기서 언급되는 유교는 도대체 어느 시기 누구의 유교인가? 함재봉은 끊임없이 '유교'라는 표현을 사용하는데, 그 '유교'가 구체적으로 무엇을 지칭하는지를 살펴볼 필요가 있는 것이다. 우선 그는 유교가 '한국인들의 관념 속에 자리잡고 있는 추상적인 사상이 아니라 일상 속에서 끊임없이 부닥치고 경험하는 현실'260)로 전제하고, 한국의 유교를 '800년 전에 정립된 주자성리학'의 '파편'으로 규정하고 있다.261) 따라서 그가 주장하는 유교는 중국 남송대 주희(朱熹; 1130-1200)가 성립시킨 성리학을 의미하며, 한국의 유교는 고려 말 조선 초에 수입되어 조선 왕조 500년간 지배이념으로 기능했던 주희의 성리학이다.

그런데 현대 한국 사회의 유교에 대한 함재봉의 파악은 일관되지 못하다. 왜냐하면 그는 한편으로 한국인들은 지극히 유교적이라고 파악하거나,262) 유교가 우리의 정치의식, 사회구조, 가치관을 철저히 지배하고 있는 것으로 파악하지만,263) 다른 한편으로 유교는 더 이상 한국 사회를 운영하는 중심사상이 아니라고 고백하고,264) 현재 주류 담론에서 유교의

---

258) 함재봉, 『유교 자본주의 민주주의』, 서울, 전통과 현대, 2000, 142쪽.
259) 같은 책, 143쪽.
260) 같은 책, 9쪽.
261) 같은 책, 11쪽.
262) 같은 책, 10쪽.
263) 같은 책, 109쪽.
264) 같은 책, 10쪽.

설 자리는 여전히 찾아보기 힘들다고 인정한다.[265] 이와 같이 그가 한국의 유교를 정확히 규정하지 못하고 이율배반적인 진술을 하는 것은 단지 그가 유교에 대한 연구가 부족하거나 비체계적이기 때문만은 아니다. 보다 근본적인 원인은 한국 사회에 대한 철저한 과학적 분석을 거치지 못한 데 있다.[266] 그런데도 그는 자신의 이율배반적인 진술을 다음과 같이 옹호한다. "미시적이고 일상적인 차원에서는 아직도 긍정되는 유교전통이 거시적이고 이론적인 차원에서는 부정되는 것이 현대 한국인의 분열된 자아관의 실체다."[267] 이러한 현상은 현대 한국인이 분열된 자아관을 지니고 있는 것이 아니라 바로 함재봉 자신이 전통유교라는 특정 가치관을 가지고 한국의 현실에 무리하게 적용하려는 가운데 비롯된 논리적 오류다. 다시 말해 그의 논리는 한국의 사회를 과학적으로 분석하는 가운데 주희의 성리학이라는 전통적 문화 요소를 발견한 것이 아니라, 주희의 성리학에 대한 주관적 이해를 바탕으로 한국 사회의 현실에 사변적으로 대비시키는 과정에서 비롯된 관념론적 방법의 오류인 것이다.

이러한 개념 규정과 판단의 오류를 바탕으로 함재봉은 유교를 민주주의와 결합시켜 유교민주주의를 내세우고 있는 것이다. 그렇다면 그는 민주주의를 어떻게 규정하고 있는가? 그는 민주주의라는 용어를 자주 사용하지만, 본격적으로 민주주의를 개념규정하고 있지는 않다. 다만 민주주의가 요구하는 최소한의 조건으로 절차적이고 형식적인 민주주의들 가운데 하나인 자유선거를 들고 있을 뿐이다.[268] 이에 반해 그는 근대 민주주의 가운데 하나인 자유민주주의에 대해 많은 논의를 전개하고 있다. 이러한 현상은 그가 근대 민주주의를 자유주의의 관점, 즉 자유민주

---

265) 같은 책, 176쪽.
266) 사실 이러한 현상은 인문학 일반이 겪고 있는 어려운 과제이기도 하다. 그러나 끊임없이 변화, 운동하는 현실 세계를 정확히 포착하고 그것을 이론화하는 작업을 전개하기 위해서는 반드시 한국 사회에 대한 철저한 분석을 기반으로 해야 한다.
267) 함재봉, 『유교 자본주의 민주주의』, 180쪽.
268) 같은 책, 119쪽.

주의에서 파악하고 있다는 것을 의미한다.

이제 중요하게 떠오르는 것이 바로 자유주의다. 함재봉은 이 자유주의를 신랄하게 비판한다. 왜냐하면 자유주의에 대한 비판을 통해 비(非)자유주의적 입장을 옹호하려는 그의 담론 전략이 밑에 깔려 있기 때문이다. 그는 자유주의가 전제로 하고 있는 것들이 바로 '절대개인'이라고 보고, 근대 프랑스 철학자인 데카르트의 주체(subject)를 모든 존재와 질서, 도덕체계와 당위로부터 자유로운 '절대개인'으로 규정한다.[269] 또한 그는 이 근대적 '절대개인' 개념을 홉스, 로크, 몽테스키외, 제퍼슨 등의 우익적 사상의 흐름과 루소, 칸트, 헤겔, 마르크스, 하버마스 등의 좌익적 사상의 흐름으로 나누어 취급한다. 그리고 이 양자가 모두 근대 사상의 절대개인이라는 존재론에서 파생된 것으로 이해한다. 이러한 전제하에 그는 포스트모더니즘의 '간주관성(intersubjectivity)' 개념을 활용하여 근대적인 '절대개인'의 존재론과 인식론의 문제점을 지적하고, '절대개인'의 자유는 '절대국가' 속에서 확보된 결과 절대개인의 고립, 소외, 외로움이 초래됐다고 파악한다.[270] 이러한 논의 전개는 근대적 인간 개념에 대한 포괄적인 비판이며, 구체적으로 미국식 자유민주주의나 유럽식 사회민주주의에 대한 문제점들을 지적하고 새로운 대안으로 유교민주주의를 내세우는 것이다.

그렇다면 유교민주주의론은 어떤 문제의식에서 비롯되었는가? 함재봉의 문제의식을 살펴보면, '현대 한국의 정치와 사상을 논하는 데 있어 근대의 이론과 사상은 방법론이나 당위론의 차원에서 볼 때 절대 부족'하며, '유교는 서구의 사회과학을 통해서는 제대로 포착될 수 없는 한국 정치, 사회 고유의 틀을 제공해 주고 있는 사상'이라는 것이다.[271] 다시 말해 그는 한국 정치와 사회를 설명하는 데 근대 사상이 아니라 유교가 더 적합하다는 것이다. 그리고 그 유교는 바로 근대 사상의 모순을 극복

---

269) 함재봉, 『탈근대와 유교』, 222−223쪽.
270) 같은 책, 223−255쪽.
271) 같은 책, 4−5쪽.

하는 사유체계이기 때문에 우리의 이상이 될 수 있는 전통사상이라는 것이다.[272] 그러나 정말 그런가? 이러한 문제의식은 너무 자의적으로 형성된 것은 아닌가? 이 문제의식의 타당성을 검토하기 위해서는 유교민주주의론의 주장과 그 논리적 근거를 보다 구체적으로 분석해야 한다.

3절 유교 민주주의론의 존재론, 인식론, 당위론 비판

유교 민주주의론의 대표적 논자인 함재봉은 포스트모더니즘의 개념에 속하는 '간주관성(intersuvjectivity)' 개념을 활용하여 유교의 존재론을 설명한다. "우선 존재론적으로 유교는 '절대개인'을 상정하지 않을뿐더러 그러한 개인을 상상할 수 있는 담론이 부재하다. '인간'은 철저하게 간주관적인 존재이며 타자와의 관계 속에서 비로소 그 존재가 가능하며 확인된다. 한국 전통 유교사상의 핵심인 '삼강오륜'은 이러한 '간주관성의 존재론'(ontology of intersubjectivity)의 극명한 표현이다. 그리고 인간의 간주관성의 가장 원초적인 장은 '가족'이다."[273] 여기서 확연히 드러나는 것은 그의 문제의식이 근대사상에 대한 극복에 집중되어 있다는 사실이다. 그런데 과연 그가 말하는 한국 전통 유교사상의 핵심인 삼강오륜을 포스트모더니즘의 간주관성의 표현이라고 규정할 수 있는가? 삼강오륜은 전근대 사회의 대표적인 이념으로 그 형성 자체가 농업 사회 혈연 공동체를 바탕으로 개인 주체에 대한 자각이 없이 이루어졌다. 이에 반

---

272) 같은 책, 258쪽.
273) 같은 책, 260쪽.

해 간주관성은 근대 산업사회에서 개인 주체에 대한 문제의식과 이기주의에 대한 비판과 타자에 대한 배려를 바탕으로 형성된 개념이다. 따라서 삼강오륜을 간주관성의 표현으로 파악하는 것은 분명한 오류인 것이다. 또한 그가 유교의 존재론으로 내세우는 관계 중심의 인간이 지닌 가장 근본적인 결함은 인간이 다양한 권위적 위계 질서 속에서 주체의식을 형성하기 어렵다는 점이다. 좀 더 그의 논리를 살펴보자.

함재봉은 유교의 인식론이 관계 중심의 존재론을 바탕으로 형성되고 있다는 점을 전제로 한다. 그는 유교의 존재론과 인식론을 검토하기 위한 전 단계로 역시 서양의 근대 인식론을 먼저 다룬다. 예를 들어 그는 로크와 칸트의 근대 인식론을 설명식으로 비판하고 있다. "로크의 인식론의 문제는 '하얀 종이'에 '감각 정보'가 충돌함으로써 일어나는 물리적인 현상이 과연 우리가 말하는 '지식' 또는 '앎'이라고 할 수 있는가 하는 점이다. 즉 우리가 '앎'이라고 하는 것이 물체와 물체의 충돌 과정에서 생기는 물리적 흔적과 동일한 것인가 하는 문제이다."274) 로크의 경험론적 인식론에 대한 그의 비판은 관념론의 입장에서 이루어진 것이다. 그런데 이제는 다른 각도에서 칸트의 선험적 인식론을 소개한다. "칸트는 로크의 인식론의 오류를 지적하는 데서부터 자신의 인식론을 개진한다. 칸트는 로크와 반대로 '지식'은 '경험적'이 아니라 '선험적'인 차원에서 설명되어야 한다고 주장한다. 칸트는 지식은 감각 자료('다양')를 '종합'하는 것이라고 주장한다."275) 그러나 이러한 칸트의 인식론에 대해서 그는 칸트의 선험성을 역시 비판의 도마에 올려놓는다. "칸트의 '이성주의' 혹은 '선험주의' 인식론은 로크의 '경험주의' 인식론보다 '지식'의 문제는 잘 설명하는 듯하지만, 그 대신 지식의 근본단위가 왜 '감각정보' 또는 '다양'인지를 설명하지 못한다. 그러나 '다양'의 존재를 선험적으로 설정하지 않고는 칸트의 '종합적 마인드'(synthetic mind)가 종합할 것이 없어지며 따라서 칸트의 인식론은 성립할 수 없게 된다."276)

---

274) 같은 책, 246쪽.
275) 같은 책, 247쪽.

이와 같이 그는 칸트의 인식론에 대해 경험론의 입장에서 그 선험성을 비판하는 것이다. 이러한 양날식 비판 방식은 논리적으로 혼란스런 결과를 초래하며 유교 민주주의론 전체의 논리적 정합성을 약화시키게 된다.

함재봉은 근대 인식론을 양날식으로 비판한 후 근대 인식론의 이분법적 구도를 가능하게 한 데카르트의 절대개인의 존재론을 다음과 같이 비판한다. "결국 데카르트의 절대개인의 존재론을 바탕으로 한 유물론적 인식론은 '지식'과 '앎'을 설명하는 데 실패하고 있다. 로크의 '경험론' (empiricism)도 칸트의 '관념론'(idealism)도 인식론의 가장 기본적인 문제인 '앎'을 설명하지 못하고 있다. 그렇다면 근대 인식론은 왜 실패하는가? '인식'은 어떻게 설명될 수 있는가? '지식'은 어떻게 가능한가? 근대 서구의 인식론이 지식을 설명하지 못하는 가장 근본적인 이유는 데카르트의 존재론적 오류에서 비롯된다. 즉 문제는 '경험론이냐, 관념론이냐?'에 있는 것이 아니고 '경험주의 대 이성주의'의 이분법적 구도를 가능하게 해 주는 데카르트의 절대개인의 존재로, '자아 대 타아'의 존재론 자체인 것이다."277) 그가 근대 인식론을 비판하는 이론적 근거는 포스트모더니즘의 근대 이성 비판이다. 포스트모더니즘은 자본주의가 고도로 발달한 미국 및 서유럽의 사회에서 비롯된 이론이다. 그렇다면 왜 그는 포스트모더니즘의 근대 이성 비판의 논리를 한국 사회에 그대로 소개하는가?

표면적으로 보면 함재봉은 근대사상을 비판하기 위해 포스트모더니즘의 논리를 차용하고 있는 것처럼 보인다. 예를 들어 그는 근대사상이 초래한 부정적 결과를 다음과 같이 서술한다. "철학이나 이론적 차원에서 실패한 근대사상은 실존과 제도의 차원에서도 사람들로 하여금 '가치'와 '도덕', 즉 '인간' 또는 '간주관성'의 문제를 소홀히 하게 하고 도외시하게 함으로써 근대사회의 가치관과 도덕관, 인간관의 황폐화를 초래하였다."278) 근대 사회의 가치관과 도덕관 그리고 인간관의 황폐화를 역설하는 그의

---

276) 같은 책, 250쪽.
277) 같은 책, 250-251쪽.
278) 같은 책, 252쪽.

논리는 자못 진지하게 보인다. 그렇다면 그는 현대 한국 사회의 가치관과 도덕관, 인간관의 황폐화를 목격하고 그 대안으로 포스트모더니즘의 논리로 한국 사회를 분석하는 것인가? 만약 그렇다면 그의 논리는 매우 현실적이고 구체적인 사회적 모순의 문제를 취급하고 있는 셈이다. 그러나 그는 현대 한국 사회를 현대 서구 사회와 다르게 파악하고 있다. 그는 한국의 사회 상황을 매우 낙관적으로 바라보면서, "한국이나 대만, 그리고 일본과 같은 나라들은 이미 민주주의를 실현하고 있으면서도 과도한 개인주의, 가족의 해체, 사회윤리의 붕괴 등의 현상은 아직 상대적으로 적게 경험하고 있다"279)고 한다. 이와 같이 그는 한국 사회를 서구 사회와 상대적으로 다르게 파악하고 있는 데 중요한 것은 한국 사회가 이미 경제발전과 민주화라는 두 마리 토끼를 모두 잡는 데 성공하였다는 그의 파악이다.280) 다시 말해 그의 논의를 살펴볼 때, 현대 한국은 이미 근대 사회로 진입된 상태로 근대 사회가 안고 있는 문제를 공유하고 있다는 논리적 가정이 성립하는 것이다. 그렇다면 포스트모더니즘으로 한국 사회의 근대적 문제들을 직접 비판하면 될 것 아닌가? 여기서 그의 담론 전략의 실질적 의미가 명백해진다. 즉 그는 주희의 성리학에 포스트모더니즘의 옷을 입히고, 그것으로 한국 사회의 수많은 문제를 해결하기 위해 근대 인식론을 비판한 것이다.

확실히 함재봉은 서양 근대 인식론을 비판한 뒤, 곧바로 주희의 성리학적 인식론을 다음과 같이 평가한다. "주자학은 데카르트적 체계와는 극단적으로 다른 인식론을 견지하였다. 근대 인식론이 절대개인의 객관적인 지식을 그 이상으로 삼았다면 주자학은 인간 존재의 간주관성과 모든 지식의 도덕성을 그 근본으로 삼았다."281) 이렇게 그에 의해 주희의 성리학은 포스트모더니즘의 수사적 어법으로 매우 화려하게 현대 한국 사상계에 발을 들이밀게 된다. 그는 주희의 이(理) 개념에 대해 "'이'란

---

279) 함재봉, 『유교 자본주의 민주주의』, 120쪽.
280) 같은 책, 19쪽.
281) 함재봉, 『탈근대와 유교』, 264쪽.

원칙(principle)인 동시에 그렇기 때문에 당연한 것(norm)이 된다"고 보고, 시마다겐지의 논리를 바탕으로 "여기서 등장하는 것이 곧 '성즉리'(性卽理)의 원칙으로서 이것이야말로 주자학의 도덕관과 인성론을 떠받치고 있는 우주론과 도덕론 사이의 연결고리인 것이다"[282]라고 설명한다. 여기서 그는 '성즉리'(性卽理)가 인식 주체인 인간의 본성 문제를 인식 대상의 이치와 동일시함으로써 발생한 인간과 다른 존재들을 구분하지 못하는 인식론적 문제들에 대해서는 엄밀하게 검토하고 있지 못하다.[283]

또한 함재봉은 여기에 그치지 않고 조선의 성리학자 이이(李珥; 1536-1584)의 인식론까지 거론하며, 그것이 지닌 현대적 의미를 다음과 같이 한껏 부각시킨다. "서구 근대 인식론과의 중요한 대비는 '마인드'가 '마음'이 결코 아니라는 사실과 '마인드'를 통하여 일어나는 인식은 곧 눈으로 보는 것(망견)을 말하고 있는 데 반하여 유교의 인식론은 시각적인 것이 아닌 '깨달음', 즉 앎과 실천이 일치되는 차원(知行合一)의 앎이다."[284] 그가 성리학의 '마음(心)'을 근대 서양사상의 '마인드(mind)'와 대비시킨 것은 일반적인 설명방식이다. 그러나 그의 설명에는 다음과 같은 인식론적 문제가 있다. 첫째 성리학의 '마음'은 직관적 인식으로 지극히 주관적이고 관념적이라는 점이며, 둘째 지행합일의 '지'와 '행'은 과학적 지식과 사회적 실천이 아니라 '유교의 도덕'과 '그 도덕의 준수'라는 문제가 있는 것이다. 그런데도 그가 이러한 논리를 계속 전개하는 것은 어떤 의도가 있기 때문인가?

함재봉이 이 인식의 문제를 다음과 같이 파악하는 것에 주목할 필요가 있다. "마음으로 아는 것은 어떻게 가능한가? 그것은 'perception'만 가지고는 불가능하다. 그것은 끊임없는 '수신'(修身), '극기'(克己), '훈련'(訓練)을 통하여 가능하다."[285] 여기서 '수신(修身)'을 인식의 가능성

---

282) 같은 책, 264-265쪽.
283) 김원열, 「송대 신유학의 자연 개념 연구」, 서울, 성균관대 석사논문, 1996, 114-129쪽.
284) 같은 책, 267쪽.

을 확보하기 위한 방법으로 제시하는 그의 의도는 결국 유교의 도덕적 가치를 최대한 부각시키기 위한 것이다. 그는 자유주의와 유교를 비교하면서, "자유주의가 이해관계의 충돌과 마찰을 불가피한 것으로 보고 합리적인 선택을 통한 사회계약을 그 해결책으로 제시했다면 유교는 인간관계의 갈등을 해소하는 방안으로 '수신'(修身)을 제시하였다. 모든 사람이 도덕적인 수양을 갖춘다면 사사로운 이해관계로 인한 마찰과 갈등은 일지 않을 것이라고 생각하였다"286)고 주장한다. 그가 강조하는 수신의 사회적 함의는 바로 갈등과 대립을 해소하는 방안인 것이다. 그런데 현대 한국 사회에서 이 수신 논리의 정치적 의미는 무엇인가? 만약 대통령이 부정부패를 일삼고, 부덕의 소치라는 성리학의 수양론적 언설만 나열한다면 갈등과 대립이 결코 해소될 수 없을 것이다. 문제의 핵심은 수신 논리가 도덕적 덕(德)을 아무리 강조해도 민주적인 법과 제도가 마련되지 않으면 정치적 부정부패를 근본적으로 막을 방법이 없다는 점이다. 여기서 개인의 수양을 강조하는 수신의 논리가 근본적으로 안고 있는 한계가 있는 것이다.

그런데도 함재봉은 유교의 당위적 인간론을 설명하면서 다음과 같이 말한다. "유가의 사상가들은 인간을 도덕적으로 완성될 수 있는 존재로 간주하였다. 유교는 인간이 이성을 통하여 객관적이고 도덕적인 것을 알고 실천할 수 있다는 가정에서 출발한다. 데카르트, 칸트, 롤즈 등이 상정하고 있는 인간은 가족, 교회, 사회, 국가 등 모든 공동체와 그것이 전제하는 인간관계에 우선하는, 따라서 자유로운 존재다."287) 그는 여기서 언급되는 이성이 근대 서양 철학의 이성(Rationality) 개념과는 전혀 다른 개념이라고 한다. "자유주의가 '이성'을 자신의 이해를 계산해 내고 그것을 합리적으로 관철시킬 수 있는 도구로 생각한다면 유교는 '이성'이야말로 인간의 내면에 잠재해 있는 도덕적 본능과 본질을 자각하고 그

---

285) 같은 책, 268쪽.
286) 함재봉, 『유교 자본주의 민주주의』, 128쪽.
287) 같은 책, 128쪽.

것을 함양할 수 있는 능력을 뜻한다."288) 이러한 논리에 기반을 두어 그
는 유교적 인간을 다음과 같이 규정한다. "유교적 인간은 항상 다른 사
람과의 관계 속에서 자신을 규정함은 물론 자신의 행동방향과 원칙을
정한다. 도덕적이고 윤리적 행동이란 인간관계에 합당한 가치와 규범(義
親別信序)을 올바르게 실천하는 것을 뜻한다. 인의예지(仁義禮智信) 역
시 철저하게 타자와의 관계 속에서만 구현될 수 있는 가치 규범이다
."289) 여기서 그는 유교적 인간이 관계중심의 인간임을 명확히 밝히고
유교의 도덕을 매우 현대적으로 해석하려고 한다. 그러나 이러한 재해석
의 시도는 성공적으로 이루어지기 어렵다. 그리고 이러한 주장은 매우
관념적인 비현실적 주장이 되기 쉽다. 예를 들어 삼강(三綱)의 논리는
군주와 아버지와 남편 중심의 일방적인 논리고, 오륜(五倫)의 도덕적 가
치는 지극히 권위적인 위계적 관계에서 형성된 수직적 규범인 것이다.
그런데 현대 한국 사회에 이것을 주장하는 것은 매우 권위적인 정치체
제에서나 있을 수 있는 것이지, 정치적 평등을 추구하는 민주주의에 적
합하지 않은 것이다. 이제 본격적으로 유교 민주주의론의 권위적 전체주
의의 논리를 검토할 때가 되었다.

4절 유교 민주주의론의 권위적 전체주의 비판

함재봉은 유교적 도덕이 구체적으로 구현된 제도적 형태로 '제사'를

---

288) 같은 책, 130쪽.
289) 같은 책, 129-130쪽.

들고 있다. "유교의 체제론에서 그 근간은 '제사'(祭祀)다. 즉 유교의 존재론과 인식론, 그리고 당위론, 즉 주자학을 사람들에게 익히게 하는 방법과 제도로서 '제사'가 채택되었으며, 그렇기 때문에 조선 초기의 정책 중 가장 중요한 것이 전국의 모든 집에 '사당'을 짓게 하는 것이었다."[290] 이 제사는 봉건적인 대가족제 속에서 가부장적으로 혈연적 관계를 확인하는 유교적 의례다. 그리고 여기에 핵심이 되는 논리는 바로 폐쇄적인 혈연적 가족 중심의 논리다. 그는 이 가족 중심주의의 논리를 다음과 같이 주장하고 있다. "가족 중심주의는 유교의 인간 중심주의 사상의 제도적 구현이다. 서구 근대의 사상이 절대개인의 사상이라면 한국 고유의 유교사상은 철저한 가족 중심주의(家族中心主義)의 사상이다. 물론 이것은 너무나도 흔히 듣는 이야기이다. 그러나 우리는 '가족 중심주의'를 '자유주의' 또는 '마르크스주의'와 같은 하나의 완전한 이념체계, 고유의 존재론, 인식론, 그리고 당위론을 갖춘 완전한 세계관으로 보는 눈을 키워야 한다."[291] 이와 같이 그는 가족 중심주의를 매우 체계적인 완전한 세계관의 차원까지 고양시키고 있는 것이다.

그렇다면 유교의 가족 중심주의를 잘 나타내는 도덕적 가치는 무엇인가? 누구나 알고 있듯이 바로 수신의 덕목이기도 한 효(孝)다. 농촌사회의 대가족제에서 효는 실질적으로 강조되고 수용될 수밖에 없는 구조적 이유가 있었다. 농촌사회는 연장자의 실질적인 농사 경험을 필요로 하는 분야이기 때문에 노인이 대우받을 수 있었던 것이다. 그러나 자본주의사회의 핵가족제에서 효는 강요될 수도 없고 강요해서도 안 된다. 왜냐하면 이미 사회 구조가 노인의 경험을 크게 필요로 하지 않을 만큼 신속하게 변하고 있으며, 효를 강조하는 것은 국가적 차원의 복지 정책을 크게 후퇴시키고, 가정에서 불필요한 갈등을 증폭시키는 결과를 초래하기 때문이다. 또한 가부장적 가족 중심주의에서 횡행하는 권위주의는 사회 일반으로까지 확대될 우려가 있으며, 현대 한국 사회에서 문제가 되는

---

290) 함재봉, 『탈근대와 유교』, 270쪽.
291) 같은 책, 271쪽.

재벌이나 정경유착의 문제도 가족 중심주의와 긴밀한 연관이 있다. 이런 상황에서 효의 강조가 초래하는 더욱 심각한 현상은 권위적인 지배체제에 비판 없이 순종하는 사람들을 양산한다는 점이다. 이러한 점에서 가족 중심주의나 효는 철저히 비판되어야 한다.

그렇다면 주희의 성리학에서 가족의 연장이라 할 수 있는 국가의 문제는 어떠한가? 좀 더 함재봉의 논리를 검토해 보자. 그는 위민사상과 민본주의에 입각한 유교정치철학을 현대적으로 해석하여 다음과 같이 말한다. "아시아의 개발도상국 정부들이 시장주의자들의 우려에도 불구하고 경제발전에 있어서 순기능을 할 수 있었던 것은 유교의 위민사상(爲民思想)에 기반을 둔 정부의 강력한 책임의식, 관료 - 지식인의 철저한 민본주의(民本主義)가 국민과 기업인들의 민족주의와 합칠 수 있었기 때문이다. 특히 위민사상과 민본주의에 입각한 유교정치철학은 정부의 역할에 대한 매우 긍정적인 인식을 배태시킴으로써 서구의 자유주의 세계관과는 달리 정부의 적극적인 역할을 용인하는 동아시아 특유의 정치문화를 창출하였다."292) 여기서 핵심적인 것은 유교적 이념인 위민사상과 민본주의가 동아시아 특유의 정치문화를 창출했다는 점이다. 그런데 과연 현대 한국 사회에서 그 특유의 정치문화를 긍정적으로 보는 것이 타당한가? 이 문제를 해결하기 위해서는 현대 민주주의와 비교하여 민본주의나 위민사상을 과학적으로 분석하는 작업이 필요하다.

민본주의와 위민사상은 권력을 쥔 군주가 민(民)을 통치의 대상으로만 한정 짓는 가운데 전제적 지배를 조금 완화해야 한다는 이념이다. 이 '완화된 전제주의' 속에서 민(民)이 권력의 주체가 될 가능성은 아예 봉쇄되고 만다. 여기서 민은 백성을 의미하며, 전제 군주의 명령에 무조건 복종해야 한다. 만약 거역하면 오직 죽음이 기다릴 뿐이다. 그리고 유가들이 주장하는 민본주의와 위민사상의 '완화된 전제주의'는 오히려 봉건적 지배질서를 지속시키는 역할을 한다. 이에 반해 현대 민주주의는 민

---

292) 함재봉, 『유교 자본주의 민주주의』, 86쪽.

중이 권력의 주체가 되는 정치체제로, 어느 한 사람이나 소수의 독재체제와는 엄밀히 구분된다. 따라서 현대 사회에서 민본주의와 같이 민중을 단지 통치의 대상으로만 한정 짓는다면 독재체제와 다를 바가 없게 된다. 이러한 것을 종합해 보면 함재봉의 민본사상이나 위민주의는 근본적으로 권력의 주체가 일인이나 소수일 수밖에 없는 독재의 논리인 것이다. 그러므로 그가 동아시아 특유의 정치문화를 언급하고 긍정적으로 평가하는 것은 권위적인 독재를 옹호하는 논리가 될 가능성이 높다.

그런데도 함재봉은 위민사상과 민본주의를 앞세워 국가의 바람직한 역할을 다음과 같이 역설한다. "국가의 역할은 위민사상과 민본주의에 입각해서 백성 또는 국민들의 안위와 복지를 보장해 줌은 물론 도덕적 윤리적 모범을 보이면서 '덕치'(德治)로써 이끄는 것이다."[293] 그에 따르면 권력을 쥔 자는 도덕적 윤리적 모범을 보이며 국민들을 덕(德)으로 다스려야 한다는 것인데, 이러한 통치자 중심의 논리가 어떻게 현대 한국 사회의 민주주의에 도움이 된단 말인가? 그리고 이러한 논리는 실현 가능성도 희박하다. 왜냐하면 법과 제도가 아닌 권위를 앞세운 도덕적 방법으로 정치가 이루어지기에는 이미 현대 한국 사회의 민주적 역량이 결코 용납하지 않을 것이기 때문이다.

확실히 유교의 통치논리에는 권위주의가 깊숙이 배여 있다. 함재봉은 이 권위의 문제에 대해 다음과 같은 견해를 지니고 있다. "모든 종류의 권위를 부정하고 절차주의를 정착시켜 온 결과 서구사회는 가족의 해체와 정통성의 위기를 맞고 있다. 인간을 신과 왕, 부모 다시 말해서 교회와 국가와 가족으로부터 '해방'시킨 근대사상은 정치공동체를 엮을 수 있는 유일한 기제로 개인의 절대적인 이해관계를 바탕으로 한 계약과 이것을 중재하고 집행하는 중립적인 절차를 제시하였다. 그러나 이것은 이기적이고 외롭고 소외된 근대인들을 만들었고 외로운 군중이 모여 사는 군중사회(mass society)를 만들었다."[294] 그러나 서구사회의 가족의

---

293) 같은 책, 108쪽.
294) 함재봉, 『탈근대와 유교』, 318쪽.

해체와 정통성의 위기를 그가 염려하지 않아도 된다. 왜냐하면 과거의 가족형태가 해체되면서 다양한 가족형태가 형성되고 있으며, 과거의 정통성이 붕괴되면서 끊임없이 새로운 정통성이 형성되기 때문이다. 또한 민주 사회에서 필요로 하는 것은 억압적인 권위를 타파하는 '해방'이지 과거의 권위를 고수하는 것이 아니다. 따라서 그의 논의 속에 깃든 권위주의적 지향성은 민주주의에 역행하는 것이다.

앞의 글에 이어서 함재봉은 동아시아의 유교사상이 지닌 권위주의적 덕치 개념을 설명한다. "이와는 달리 동아시아에서는 유교사상이 가족의 위계질서를 바탕으로 한 정치, 사회질서를 구축하여 왔다. 덕치로 표현될 수 있는 유교사상이 그리는 정치적 이상은 삼강오륜으로 집약되는 권위체계를 중심으로 운영되는 질서이다."295) 이와 같이 그가 유교사상을 통해 강조하는 것은 '가족의 위계질서', '권위체계를 중심으로 운영되는 질서'다. 그는 유교를 재론하는 것이 복고주의와 거리가 멀다고 변명한다.296) 그리고 '올바른 의미'의 권위라는 표현으로 유교의 권위주의를 다음과 같이 옹호한다. "유교사상에 대한 재인식은 전통이냐 현대냐 하는 끊임없는 선택에 직면하고 있는 현대의 한국인들이 자신들의 사고방식과 가치관에 보다 부합되는 새로운 형태의 정치사상과 체제를 구축하는 데 필수적인 고려사항이다. 그리고 새로 구축될 정치사상과 체제가 구체적으로 어떤 모습을 하고 내용을 담고 있든지 그것이 성공적이기 위해서는 올바른 의미의 권위를 담아낼 수 있어야만 한다."297) 여기서 문제가 되는 것은 '올바른' 권위와 '잘못된' 권위를 구분하는 기준을 제시하지 못하고 있다는 점이다. 이렇게 권위의 필요성을 강조하는 그는 마침내 유교적 도덕 공동체를 꿈꾼다.298) 그런데 이 유교적 도덕 공동체는 정치적 평등을 추구하지 않고 소수의 특권적 권위를 인정하는 매우

---

295) 같은 책, 같은 곳.
296) 같은 책, 6쪽.
297) 같은 책, 319쪽.
298) 함재봉, 『유교 자본주의 민주주의』, 143쪽.

불평등한 공동체다.299) 현대 한국 사회의 문제점으로 지적되는 각종 권위주의와 유교적 도덕의 문제를 끝까지 고수하는 그의 논리는 그가 지향하는 유교 민주주의 공동체의 실질적 내용이 결국 반민주적인 권위적 전체주의, 즉 독재라는 것을 스스로 입증한 것이다.

5절 글을 맺으며

이상으로 함재봉의 유교 민주주의론을 중심으로 그 주장과 논리적 근거를 비판적으로 검토하였다. 이 비판적 검토의 과정에서 유교 민주주의론이 위계적인 질서를 바탕으로 한 관계 중심의 존재론을 갖추고 있고, 인식론적으로 객관적 인식 방법이 아닌 주관적이고 직관적인 인식방법을 논의의 중심으로 삼고 있으며, 무엇보다 그 존재론과 인식론이 유교적 도덕 가치를 매우 중시한다는 사실이 보다 분명해졌다. 그리고 유교 민주주의론의 수신의 논리가 유교적 도덕 가치와 유기적으로 긴밀히 연결되어 있으며, 혈연적 가족 중심주의와 정치적 권위주의는 결국 권위적 전체주의의 논리로 귀결된다는 점이 밝혀졌다.

민주주의의 실현이 절실히 요청되는 한국 사회에서 유교 민주주의론에서 내세우는 유교적 도덕은 오히려 현실 정치의 억압과 불평등을 더욱 심화시키는 부정적인 결과를 초래할 가능성이 높다. 왜냐하면 그 유교적 도덕은 철저히 권위적인 위계질서로 구성되어 있기 때문이다. 또한 유교 민주주의론에서 주장되는 '인간적인 사회'의 실질적 내용을 살펴보

---

299) Marcel Granet, *Das chinesische Denken*, München, dtv, 1963, 258쪽.

면, 그 유교적 인간은 사회의 유력한 소수를 의미하는 것이지 결코 민중이 아니라는 점이 분명하다. 이와 같이 민중의 권리와 이익에 반대되는 유교 민주주의론은 공동체를 이야기하지만 민중의 공동체가 아닌 소수 특권층의 공동체가 될 뿐이다. 특히 민중의 권리와 이익보다는 소수의 권리와 이익만을 추구하는 유교 민주주의론은 근본적으로 민주주의에 역행하는 것이고, 결국은 전체주의적 독재를 옹호하는 매우 권위 지향적인 담론인 것이다. 무엇보다 민중의 권리와 이익이 철저히 무시되었던 한국 사회에서 현재 절실히 필요한 것은 민중의 권리와 이익을 최대한 보장할 수 있는 실질적인 법과 제도의 점검과 제정이지, 유교의 도덕적 가치를 끊임없이 강조하는 것이 아니다.

한국 사회는 많은 문제들을 안고 있는데, 그중에서도 매우 심각한 문제는 민중의 정치적 자유와 평등이 철저히 실현되지 못하고 있다는 점이다. 아직 한국 사회는 정치적 자유나 정치적 평등이 실질적으로 보장되고 있지 않은 상황이다. 오히려 권위적인 문화가 아직도 일상생활에 계속 남아 있는 상황은 민주주의의 근본정신인 정치적 자유를 억압하고 정치적 평등을 원천적으로 봉쇄하는 부정적인 결과를 초래하고 있다. 따라서 현대 한국 사회에 민주주의를 실현시키기 위해서는 권위적 전체주의의 논리를 철저히 비판하는 것뿐만 아니라 실질적으로 민중이 권력의 주체가 되는 길을 구체적으로 개척해야 한다.

참고문헌

김문식, 「조선의 지도자 교육과 현대의 보편교육」, 『전통과 현대』, 서울, 전통과 현대, 1997년 여름호.

김병국, 「반(反)유교적 유교정치」, 『전통과 현대』, 서울, 전통과 현대, 1997년 여름호.

김석근, 「자유주의와 유교 - 만남과 갈등 그리고 화해」, 『전통과 현대』, 서울, 전통과 현대, 1997년 겨울호.

김원열, 「송대 신유학의 자연 개념 연구」, 서울, 성균관대 석사논문, 1996.

김형철, 「현대의 도덕관과 유교의 도덕관」, 『전통과 현대』, 서울, 전통과 현대, 1997년 여름호.

김홍경, 「유교자본주의론의 형성과 전개」, 『동아시아 문화와 사상』, 서울, 열화당, 1999.

노르베르토 보비오, 『자유주의와 민주주의』, 황주홍 역, 서울, 문학과 지성사, 1992.

로버트 달, 『민주주의』, 김왕식 외 역, 서울, 동명사, 1999.

유석춘, 「'유교 자본주의'의 가능성과 한계」 『전통과 현대』, 서울, 전통과 현대, 1997년 여름호.

이승환, 「누가 감히 '전통'을 욕되게 하는가?」, 『전통과 현대』, 서울, 전통과 현대, 1997년 여름호.

이승환, 「문화는 진보하는가?」, 『전통과 현대』, 서울, 전통과 현대, 1998년 봄호.

이승환, 「반유교적 자본주의에서 유교적 자본주의로」, 『동아시아 문화와 사상』, 서울, 열화당, 1999.

이승환, 『유가사상의 사회철학적 재조명』, 서울, 고려대 출판부, 2001.

장현근, 「공자는 과연 살아날 수 있는가」, 『전통과 현대』, 서울, 전통과 현대, 1997년 여름호.

함재봉, 「경국제민과 한국자본주의」, 『전통과 현대』, 서울, 전통과 현대, 1997년 겨울호.

함재봉, 『유교 자본주의 민주주의』, 서울, 전통과 현대, 2000.

함재봉, 『탈근대와 유교』, 서울, 나남출판사, 1998.

Joseph R. Levenson, Confucian China and Its Mordern Fate, Berkeley, Univerty of California Press, 1966.

Marcel Granet, Das chinesische Denken, München, dtv, 1963.

제 6 장

유교 민주주의와 공동체 윤리관

제6장

유교 민주주의와 공동체 윤리관300)301)

요약문

이 연구의 목적은 유교와 민주주의의 상호 관계를 살펴보고, 유교 민주주의에 대해 체계적으로 고찰한 뒤, 이 유교적 공동체의 윤리관이 권위적인 전체주의를 내면화시키고 타자를 배제하는 문제가 있다는 점을 비판하여 새로운 공동체 윤리관을 모색하는 데 있다.

---

300) "이 논문은 2004년도 한국학술진흥재단의 지원에 의해 연구되었음."(KRF
    -2004-073-AM3009)
301) 논문 출처: 김원열, 「유교 민주주의와 공동체 윤리관」, 『시대와 철학』제17권
    3호, 한국철학사상연구회, 2006, 87-112쪽.

전통적인 유교와 근대적인 민주주의를 비교하여 어느 한쪽을 옹호하는 것은 시작부터 잘못된 비교다. 왜냐하면 전통적인 유교와 비교하기 위해서는 근대적인 민주주의가 아니라 전통적인 어떤 사상 예컨대 서양의 기독교와 비교해야 되기 때문이다. 비교의 합리성이 전제되지 않는다면 전통적인 유교와 근대적인 민주주의의 비교는 공정하고 합리적인 방법이 아닐 것이다. 문제는 우리의 근대 이행기가 그러한 합리성이 결여된 채 파행적으로 진행되었다는 역사적 사실이다.

한국 사회에서 유교 민주주의는 전통적인 유교 속에도 민주주의의 원리가 있고 그것은 서구의 자유주의적 민주주의와는 다른 우리식의 민주주의라는 인식에서 출발한다. 함재봉은 민주주의의 가치를 부정하지 않으면서도 항상 유교의 도덕적 가치를 중시하는 도덕 공동체를 유교 민주주의의 핵심으로 보고 있다. 구체적으로 그는 전통 유교에서 강조된 삼강오륜이 구성원들에게 체화되는 유교의 도덕 공동체를 추구한다. 그런데 이 유교의 도덕 공동체는 구성원 간의 평등을 기초로 하지 않고 소수의 특권적 권위를 인정한 상태에서 별도의 통치자를 염두에 두는 매우 불평등한 공동체다. 그의 유교 민주주의는 말은 민주주의라고 하지만 민주주의의 핵심인 자유와 평등에 등을 돌림으로써 실제로는 전체주의적인 독재를 옹호하는 결과를 초래할 수 있다. 이와 같이 반민주적인 독재 정치에 이용될 수 있는 그의 유교 민주주의는 우리가 지향해야 할 바람직한 공동체가 아닌 것이다.

전통적인 유교 사상들 가운데 주목할 만한 것은 '비판성', '인격성', '시의성' 등이다. 그런데 보다 중요한 것은 추상적인 윤리 규범이 아니라 구체적인 주체와 지배의 문제다. 민주주의 공동체는 소수의 지배자 중심이 아니라 민중 중심이 되어야 한다. 민중 중심의 민주주의 공동체는 적어도 공동체 구성원의 의견이 충실히 반영될 수 있는 공적 통로를 확보해야 한다. 그리고 그 민주주의 공동체가 간접민주주의나 대의민주주의가 아니라 직접민주주의의 형태를 갖추어야 한다. 현재의 과학기술 수준을 바탕으로 한 정치 제도의 개선만으로도 직접민주주의의 실현이 현실적으로 가능하다. 예를 들어 인터넷의 보급과 교육을 확대하고 그것을 통해 공동체 구성원 각각의 의견을 반영한다면 직접민주주의에 가까운 공동체를 만들 수 있을 것이다.

주제: 유교철학, 사회철학, 정치철학, 비판철학, 한국철학
검색어: 유교, 민주주의, 유교 민주주의, 전체주의, 현실－공동체,
　　　 이상－공동체

1절 글을 시작하며

이 연구의 목적은 유교와 민주주의의 상호 관계를 살펴보고, 유교 민주주의에 대해 체계적으로 고찰한 뒤, 이 유교적 공동체의 윤리관이 권위적인 전체주의를 내면화시키고 타자를 배제하는 문제가 있다는 점을 비판하여 새로운 공동체 윤리관을 모색하는 데 있다.

흔히 한국 사회에는 1987년 이후 형식적 민주주의가 정착한 것으로 보곤 한다. 문제는 실질적 민주주의라는 것이다. 그런데 형식과 내용은 변증법적 관계에 있다는 점에서 볼 때 형식적 민주주의의 정착과 실질적 민주주의의 결여라는 구도는 잘못 설정된 논의다. 왜냐하면 실제 한국의 민주주의는 민주화 운동의 성과를 형식적 / 절차적 측면에서나 내용적 / 실질적 측면에서 충분히 반영하지 못한 것이 엄연한 현실이기 때문이다.

한국 사회에 유교 민주주의가 중요한 담론으로 전개된 시기는 1990년대 말부터 지금까지다. 1990년대 후반에는 한국 사회에서 주로 유학 부흥론,[302] 유교 자본주의론,[303] 아시아적 가치[304] 등이 거론되었다. 그런데 이 담론들은 사실 유교 민주주의를 본격적으로 논의하기 이전에 그

302) 유학부흥론에 대해서는 한국철학사상연구회 편, 『현대중국의 모색』, 동녘, 1992를 참고하고, 유학부흥론자들인 현대신유가에 대해서는 한국철학사상연구회 논전사분과, 『현대신유학 연구』, 1994를 참조할 것.
303) 유교 자본주의의 대표적인 논자인 유석춘의 다음 논문을 참고할 것. 유석춘, 「'유교 자본주의'의 가능성과 한계」 『전통과 현대』, 전통과 현대, 1997, 74-93쪽. 그리고 유교 자본주의에 대해 체계적으로 비판한 논문은 다음을 참조할 것. 김홍경, 「유교자본주의론의 형성과 전개」, 『동아시아 문화와 사상』, 열화당, 1999, 10-27쪽.
304) 이광요를 비롯한 아시아적 가치론자와 그 비판론자인 김대중의 글은 다음을 참조할 것. 김대중 외, 『아시아적 가치』, 전통과 현대, 1999, 15-64쪽.

기초적인 모색과 예비 작업의 성격이 강하다. 이 담론들이 유교 민주주의 주장을 뒷받침하고 유교 민주주의와 그 담론들의 공동체적 윤리관은 매우 유사한 체계와 방법을 공유하고 있다. 유교 민주주의는 유교의 현대적 가치를 주장하는 현대 신유가들의 주장에서 자주 발견되곤 하는데, 두유명(杜維明; Tu Weiming)의 경우가 대표적이다. 그는 줄곧 '유교 민주주의'(Confucian Democracy)라는 용어를 사용하며, 유교가 권위주의가 아니라는 점을 강조한다.305) 또한 한국에서도 '유교 민주주의'의 논리를 적극적으로 개진한 학자는 함재봉이다. 특히 중요한 문헌이 함재봉의 『유교 자본주의 민주주의』인데, 왜냐하면 이 저작에서 그는 유교 민주주의에 관한 기본적인 주장과 논리적 근거를 제시하고 있기 때문이다.306)

기존 한국 학계에서 유학 부흥론, 유교 자본주의론, 아시아적 가치에 관한 선행 연구는 그동안 양적으로 많이 양산되었다.307) 그러나 유교 민주주의에 관한 담론이 중요하게 대두된 현실에 비해, 유교 민주주의의 공동체적 윤리관에 관한 본격적 연구는 거의 찾아보기 힘들다. 이런 점에서 미래지향적인 윤리적 가치를 모색하기 위해서는 유교 민주주의에 관한 비판적 연구가 절실히 필요하다. 유교 민주주의에 관한 비판적 연

---

305) Tu Weiming, "The Global Significance of Logical Knowledge", *Searching for the New Directions of East Asian Studies: Focusing on the Aspect of Thoughts and Ideas*, The Academy of East Asian Studies, Sungkyunkwan University. 2000, 46쪽.

306) 참조. 함재봉, 『유교 자본주의 민주주의』, 전통과 현대, 2000.

307) 앞에서 거론했던 문헌들 외에도 한국에서 이루어진 비교적 초기 논의들은 다음과 같다. 김문식, 「조선의 지도자 교육과 현대의 보편교육」, 『전통과 현대』, 전통과 현대, 1997, 김병국, 「반(反)유교적 유교정치」, 『전통과 현대』, 전통과 현대, 1997, 김석근, 「자유주의와 유교─만남과 갈등 그리고 화해」, 『전통과 현대』, 전통과 현대, 1997, 김원열, 「유교 민주주의론에 대한 비판적 고찰」, 『우리 시대의 민주주의에 대한 철학적 반성과 전망』, 범한철학회 봄 학술발표회 발표문, 2002, 김형철, 「현대의 도덕관과 유교의 도덕관」, 『전통과 현대』, 전통과 현대, 1997, 이승환, 「반유교적 자본주의에서 유교적 자본주의로」, 『동아시아 문화와 사상』, 열화당, 1999, 장현근, 「공자는 과연 살아날 수 있는가」, 『전통과 현대』, 전통과 현대, 1997, 함재봉, 「경국제민과 한국자본주의」, 『전통과 현대』, 전통과 현대, 1997.

구가 필요한 이유들 가운데 하나는 한국 사회에 아직도 문화적 보수주의, 정치와 경제의 유착, 지역연고주의, 가족 이기주의, 정치적 보수주의, 권위적 전체주의 등의 문제가 있기 때문이다. 특히 권위적 전체주의의 문제를 이론적 / 실천적으로 극복할 수 없다면 한국 사회의 미래는 암울할 수밖에 없다. 권위적 전체주의의 논리는 철저히 사회적 약자인 소수자를 타자로 배제하고 억압하는 결과를 초래하기 때문이다. 따라서 한국의 절실한 현실적 문제들을 극복하기 위해서는 전통사상인 유교와 근대적 이념인 민주주의의 만남을 비판적으로 검토하는 학적 작업이 반드시 필요하다.[308]

이 연구는 선행연구들에 비해 다음과 같은 특색이 있다. 첫째, 기존 유교 민주주의에 대한 논의는 한국의 현실과 동떨어진 추상적 상태에서 이루어진 것에 반해 이 연구는 유교 민주주의에 대한 연구의 근거를 한국의 현실적 문제들에 두고 매우 구체적인 연구를 진행한다. 둘째, 기존 논의가 전통 윤리에 대한 맹목적인 긍정인 데 반해 이 연구는 체계적인 비판을 거쳐 미래지향적인 공동체의 윤리관을 모색하려는 특색을 지니고 있다. 이와 같이 유교 민주주의론의 유교적 공동체에 대한 비판적 검토는 한국 사회의 민주주의의 미래적 전망을 선취하는 의미가 있다. 왜냐하면 이 비판적 연구를 통해 전통 사회의 유교적 공동체가 현대 사회의 민주적 공동체의 건설에 적합한가를 검토할 수 있는 계기를 제공하기 때문이다. 이러한 연구는 자연스럽게 바람직한 공동체의 가능성을 미리 구상하고 그 가능성을 현실로 만드는 데 이론적 / 실천적으로 그리고 사회적으로 기여하게 될 것이다.

본론의 2장은 한국의 현실-공동체 속에서 유교와 민주주의가 대립적 구도로 논의되는 것의 의미를 살펴본다. 여기서 전통적인 유교와 근대적

---

308) 존재론, 인식론, 당위론의 측면에서 함재봉의 유교 민주주의론을 비판적으로 살펴본 논문의 경우는 다음을 참조할 것. 김원열, 「유교 민주주의론에 대한 비판적 고찰」, 『우리 시대의 민주주의에 대한 철학적 반성과 전망』, 범한철학회 봄 학술발표회 발표문. 2002, 51-58쪽.

인 민주주의의 대립 구도가 잘못된 것임을 지적할 것이다. 3장은 유교적 공동체의 대표적인 논의인 유교 민주주의에 대해 비판적으로 분석한다. 특히 유교 민주주의가 지닌 전체주의가 공동체 구성원들을 억압하는 독재의 논리가 될 수 있다는 점을 논증한다. 4장은 몇 가지 측면에서 새로운 공동체 구성에 자양분이 될 수 있는 유교의 사회 윤리적 가치들을 모색한다. 그러나 더욱 중요한 것은 실질적인 권력과 지배의 주체 문제라는 사실을 강조하게 될 것이다. 마지막으로 결론에서는 바람직한 공동체에 필요한 전제 조건들을 제시하며 글을 맺고자 한다.

2절 공동체 속의 유교와 민주주의의 대립

공동체는 두 사람 이상이 모여 구성된 집단으로 작은 집단은 친구 집단이나 가족 집단이 있을 수 있고 큰 집단은 국가나 지구촌일 수 있으며 그 중간에 각종 사회적 집단이 존재할 수 있다. 뿐만 아니라 공동체 논의에서 실제 갈등 대립이 항존하는 현실-공동체와 그 갈등과 대립을 넘어선 평화와 조화의 이상-공동체를 나누어 살펴볼 수 있다. 그런데 유교와 민주주의는 각각 매우 포괄적인 용어이기 때문에 간단히 규정짓기가 쉽지 않을 뿐만 아니라 어떤 면에서는 거의 불가능에 가깝기도 하다. 예컨대 유교는 어느 시대 어느 사회 어느 사상가의 유교냐에 따라 그 외포와 내연이 다르다. 이와 같이 복잡한 상황은 민주주의 또한 예외가 아니다.[309] 이런 점에서 볼 때 유교와 민주주의를 단순하게 규정하고

---

309) 로버트 달은 민주주의에 대한 개념 규정이 어려운 이유를 '상이한' 시간과

서로 비교하는 것은 일반화의 오류를 범할 우려가 있다. 따라서 유교와 민주주의의 문제를 다룰 경우 구체적인 논의가 필요하다.

정치사상을 살펴볼 때 전통적인 유교가 처음 문제되었던 시기는 근대 이행기인 구한말 대한제국 시기다. 다시 말해 서구 제국주의가 물밀 듯이 밀려오고 조선이 식민지화되던 시기에 조선의 지식인들은 신분제를 바탕으로 한 전통적인 유교의 이념에 대해 회의적일 수밖에 없었으며 그 과정에서 서구의 과학기술에 관심을 갖게 되었다. 그런데 근대 이행기 초기에는 민주주의의 자유와 평등 이념에 대한 문제의식이 희박했다. 예컨대 척사위정파는 처음 천주교를 비롯한 서학을 사악한 것으로 보고 소중화 의식을 바탕으로 전통적인 유교 사상을 옹호했는데, 이것은 우리와 타자를 구별 짓는 의식 속에서 타자를 낮추고 우리를 지나치게 높이는 매우 주관적인 의식 형태를 갖추고 있다. 또한 개화파도 전통적인 유교와 서구의 과학을 대비시키며 절충적인 논리로 동도서기를 주장했는데 이것도 우리와 타자를 엄격하게 구별하는 가운데 우리 자신을 비하하고 타자를 맹목적으로 추종하는 의식 형태를 지니고 있다. 따라서 척사위정파든 개화파든 그들이 내세운 논리를 보면 전통적인 유교와 서구의 과학기술을 비교의 대상으로 설정하고 있는 것이다.

확실히 조선의 개화파가 개화의 논리로 전개한 동도서기의 경우도 민주주의보다 부국강병에 필요한 서구의 과학기술이 중요했지 정치 체제의 근본적인 변화를 가져올 수 있는 민주주의에는 별 관심이 없었다.310) 오히려 개화파 지식인들은 봉건적 신분 질서 의식이 강했으며, 민중(民衆)311) 봉기에 부정적이었고, 외세 의존적이었다는 점에서 한계를 안고

장소 그리고 사람으로 설명한다. 로버트 달, 『민주주의』, 동명사, 1999, 17쪽.

310) 조선의 동도서기나 중국의 중체서용 그리고 일본의 화혼양재의 절충적 사유에 대한 비판적 논의는 다음을 참조할 것. 김원열, 「동북아시아 삼국의 근대성에 대한 비판적 고찰」, 『시대와 철학』제16권 3호, 한국철학사상연구회. 2005, 117쪽.

311) 민중은 역사적이고 사회적이며 철학적인 개념이다. 그래서 특정 시기의 구

있었다. 그렇다면 척사위정파는 서구의 민주주의에 대해 어떻게 의식하고 있었을까? 척사위정파도 개화파와 마찬가지로 완고한 봉건적 신분의식이 있었고, 민중 봉기에 대단히 부정적이었다. 다만 외세에 대해 매우 배타적인 의식이 있었으며, 그것이 의병의 형태로 나타날 수 있었던 점이 개화파와 다른 점이다.[312]

그런데 전통적인 유교와 근대적인 민주주의를 비교하여 어느 한쪽을 옹호하는 것은 시작부터 잘못된 비교다. 왜냐하면 전통적인 유교와 비교하기 위해서는 근대적인 민주주의가 아니라 전통적인 어떤 사상 예컨대 서양의 기독교와 비교해야 되기 때문이다. 중세적 신분질서 속에서 유교와 기독교를 비교하는 것은 양자의 특징을 밝히는 데 적합한 방법인 것이다. 이러한 비교의 합리성이 전제되지 않는다면 전통적인 유교와 근대적인 민주주의의 비교는 공정하고 합리적인 방법이 아닐 것이다. 문제는 우리의 근대 이행기가 그러한 합리성이 결여된 채 파행적으로 진행되었다는 역사적 사실이다. 다시 말해 근대 이행기를 거치면서 그리고 현대에 이르기까지 우리의 현실―공동체는 철저히 파괴의 과정을 거치면서 비합리성이 전 사회를 지배했던 것이다.

흔히 철학계에서 공동체 논의는 자유주의와 공동체주의, 개인과 사회, 좀 더 축약하면 사적 영역과 공적 영역의 문제로 환원되어 논의가 진행되어 왔다. 자유주의의 지나친 개인 중심의 논리를 비판하는 가운데 공

체적인 사회의 생산관계 속에서 규정되어야 민중을 개념적으로 제대로 파악할 수 있다. 마르크스의 프롤레타리아나 모택동의 인민 그리고 한국의 민중 개념을 상호 비교의 방법으로 고찰한 것은 다음을 참조하기 바란다. 김원열, 「민중이란 무엇인가?」, 한국철학사상연구회 한국사회문제연구분과 제10차 발표문, 2004년 6월.

312) 척사위정파나 개화파가 지닌 불평등 의식과 대비되는 것은 민중의 평등사상이다. 불평등한 신분 질서 속에서 최제우와 최시형 그리고 갑오민중전쟁 당시 농민들이 양반, 성인, 남성에게 소외받던 상놈, 어린이, 여성들에게도 평등한 인간 권리를 부여한 평등의 의식 형태는 타율적인 방식의 위로부터의 근대화가 아니라 자생적으로 평등이라는 근대성을 아래로부터 형성했던 소중한 사례가 될 수 있다.

동체주의가 형성되고, 공동체주의의 전체주의적 속성에 대한 자유주의의 비판이 이루어지고 있는 것이다.313) 그런데 문제는 이와 같이 인간의 삶을 사적 영역과 공적 영역으로 이분시켜 논의하는 방식은 유교적 공동체에 관한 논의에서 적합한 방법이 아니라는 점이다. 기본적으로 '사회적 관계의 총체'314)인 인간은 공적 영역인 사회를 떠나 살 수 없고 불가피하게 현실-공동체 속에서 삶을 영위하게 마련인 것이다. 게다가 구한말 자연적인 촌락 공동체에서 살았던 많은 사람들이 과연 현실-공동체와 분리된 절대적인 자아를 형성했다고 보기 어렵다. 따라서 사적 영역과 공적 영역의 문제로 공동체를 바라보는 것은 사변적인 논의로 그칠 가능성이 높다.

우리가 공동체를 논의할 때 이상으로서의 공동체와 현실로서의 공동체를 구별할 필요가 있다. 왜냐하면 현실-공동체는 사회 구성에서 항상 나타나는 것이고 사상과 철학은 그 현실-공동체의 모순을 지양한 이상-공동체를 꿈꾸곤 하기 때문이다. 예컨대 근대 이행기에 강고한 신분제적 사회, 즉 현실-공동체 속에서 발생하는 각종 계급 모순은 탈신분제적 사회인 이상-공동체를 꿈꾸게 만들곤 한다. 그래서 유교는 한편으로 신분제를 옹호하는 예(禮)를 강조하면서도 다른 한편으로 대동(大同)을 꿈꾸곤 하였다.315) 또한 전통적으로 유교의 민본(民本) 또는 위민(爲民)은 현실-공동체 속에서 발생하는 문제를 무마하기 위한 이상-공동체의 의미를 지니고 있다. 다시 말해 현실 속에서는 군주가 항상 근본적인 지존의 존재였고 대부분의 경우 군주를 위한 정치가 이루어지는 현실-공동

---

313) 서구에서 진행된 자유주의-공동체주의 논쟁에 대해서는 다음을 참조할 것. 장은주, 「인권과 민주적 연대성」, 『시대와 철학』제13권 1호, 한국철학사상연구회, 2002, 294-302쪽.

314) 마르크스·엥겔스, 『독일이데올로기1』, 김대웅 역, 두레. 1989, 39쪽.

315) 신분적 지배질서인 예(禮)를 강조하면서도 "이 세상이 공공의 것이 된다." (天下爲公)는 것은 유교의 대동사회(大同社會), 즉 이상적인 사회의 관념이다. 다음을 참조할 것. 성균관대 대동문화연구원 편, 「예운」, 『주역』, 성균관대출판사, 1985, 271쪽.

체 속에서 발생할 수밖에 없는 계급적 갈등과 대립을 해결하기 위해 민본과 위민의 이상-공동체를 설정한 것으로 볼 수 있다.[316)

그렇다면 한국 사회에서 민주주의는 어떠한가? 불행하게도 한국의 민주주의는 일제 강점기에는 식민 상황에서 민족 독립이 가장 중요한 과제였기에 민주주의가 적극적으로 모색되기가 어려웠다. 그리고 해방 후에도 자력이 아닌 타력, 즉 미국의 힘에 의해 민주주의 제도가 강제로 이식되었다. 이와 같은 해방 이후의 상황을 최장집은 '조숙한 민주주의'[317)로 표현했는데 달리 표현하면 '주어진 민주주의'라 할 수 있다. 미국식 민주주의라는 낯선 제도 앞에서 민중은 소외될 수밖에 없었다. 해방 후 구호는 민주주의였지만 실제로는 친일파와 친미파가 협잡으로 돈에 의한 독재 정치를 형성해 갔던 것이다. 이 시기 민중이 '주어진 민주주의'의 제도 속에서 실제로 권력에 개입할 여지가 별로 없었던 것이다. 현실-공동체의 측면에서 볼 때 해방 이후 한국 사회는 계속된 독재 정치에 적응하기에도 바빴던 것이다.

이 문제를 근현대 한국의 유교에서 살펴보면 독재 권력에 대한 유교적 지식인의 상반된 모습을 발견할 수 있다. 독재를 일삼았던 일제 당시 철저히 일제에 맞서 민족독립운동을 전개하여 앉은뱅이가 된 김창숙은 해방 후 이승만 독재 권력을 맹렬하게 비판했다.[318) 이에 반해 일제의 독재 권력을 옹호했던 박종홍은 해방 후 특히 박정희 독재 권력을 이념적으로 정초하였다.[319) 이와 같이 현실 권력에 대한 유교적 지식인의 상

---

316) 이상적인 공동체, 즉 이상-공동체는 인류의 오래된 꿈이다. 그러나 그 꿈은 항상 현실적인 공동체, 즉 현실-공동체 내부의 모순에 의해 깨져나가곤 한다. 그렇다고 그 꿈 자체를 송두리째 부정할 필요는 없다. 왜냐하면 모순을 극복하는 과정에서 꿈은 현실로 바뀔 수 있기 때문이다.

317) 최장집, 『민주화 이후의 민주주의』, 후마니타스, 2002, 58쪽.

318) 다음을 참조할 것. 심산사상연구회 편, 『김창숙문존』, 성균관대 대동문화연구원, 1989.

319) 박종홍 철학에 대한 비판은 다음 논문을 참조할 것. 김원열·문성원, 「유교 윤리의 근대적 변형에 대한 비판적 고찰」, 『시대와 철학』제17권 1호, 한국철학사상연구회, 2006.

반된 행위 속에서 과연 어떤 공동체의 모습을 그려볼 수 있을까? 김창숙이 꿈꾼 것은 일제 때는 민족독립이었고 해방 이후는 민족이 통일된 사회였으며 독재가 아닌 민주주의 사회였다. 이에 비해 박종홍은 일제 지배 당시 민족의 독립을 외면하고 일제의 독재 권력에 안주했으며, 해방이후에도 독재 권력을 정당화하여 독재 사회를 이념적으로 기초했던 것이다.

한국 사회에서 1980년대는 중요한 의미가 있는데 왜냐하면 1980년대에 독재에 맞선 민주화 운동을 통해 이상적인 공동체를 추구할 수 있었기 때문이다. 예컨대 이상-공동체는 단지 자본주의에 제한되어 있는 것이 아니라 금기사항이었던 사회주의나 공산주의 등도 포괄하는 매우 넓은 지평을 지니고 있었다. 우리가 독재를 극복하고 민주주의적 공동체에 접근한 것은 수많은 희생을 거친 1980년대 민주화운동을 통해서다. 그러나 그 민주주의는 미완의 민주주의로 형식적으로나 실질적으로 민중이 권력을 장악했던 것은 아니다. 이 민주화운동은 오랜 기간 한국 사회를 지배했던 군부 독재를 타파하는 계기가 되었다는 점과 노동자가 드디어 자기 권리를 주장할 수 있었다는 점에 의미가 있는 것이다. 그리고 현실-공동체에 계급 모순이 첨예했음에도 그것이 이념적으로 은폐되었던 것을 폭로해 낸 것은 매우 의미 있는 일이다. 그런데 1987년 민주화 이후 80년대 말과 90년대 초에 이루어진 현실 사회주의 국가의 해체 과정을 목격하면서 민주화 운동에 몰두했던 사람들이 이상-공동체의 근거를 상실한 채 방황했던 것이 사실이다. 그만큼 민주화 운동의 뿌리가 생활이 아니라 주로 관념 속에서 뻗쳐나갔다는 것을 입증해 준다. 이 사회 사상의 공백기인 1990년대에 유교와 연관하여 한국 사회에 대두한 것이 유교부흥론, 유교자본주의론, 아시아적 가치, 그리고 유교민주주의론 등이다. 이 가운데 유교 민주주의의 공동체가 지닌 특징과 문제점에 제한하여 논의하고자 한다.

3절 유교 민주주의 공동체의 특징과 문제점

한국 사회에서 유교 민주주의는 전통적인 유교 속에도 민주주의의 원리가 있고 그것은 서구의 자유주의적 민주주의와는 다른 우리식의 민주주의라는 인식에서 출발한다. 원래 유교 민주주의는 두유명을 비롯한 많은 현대 신유가들이 주장하는 것이기도 하다. 그런데 현대 한국사회에서 전통적인 유교와 근대적인 민주주의가 어색하게 만난 유교 민주주의는 갈등과 대립이 만연한 현실－공동체에서 그 갈등과 대립을 넘어선 이상적인 공동체를 추구한다. 여기서는 주로 함재봉의 유교 민주주의를 살펴보고자 한다. 왜냐하면 유교 민주주의에 대해서 국내 학자들 가운데 함재봉과 비교될 만큼 한국 사회의 이상적인 공동체 수준까지 논의를 전개한 경우가 매우 드물기 때문이다.

함재봉의 유교 민주주의는 어떤 공동체를 추구하고 있는가? 우선 그는 근본적으로 민주주의의 가치를 부정하지 않으면서도 항상 유교의 도덕적 가치를 중시한다. 그래서 그의 유교 민주주의를 살펴보면 무엇보다 도덕 공동체라는 특징을 지니고 있다. 예컨대 그는 유교 민주주의의 핵심을 다음과 같이 강조한다. "한국사회의 도덕적 합의를 바탕으로 한 강력한 통합력을 유지시키면서 건설적인 방향으로 유도하기 위한 제도적 장치를 마련하는 것이 유교민주주의의 핵심이다."[320] 그리고 그는 "우리가 추구해야 하는 사회의 모습은 기본권이 보장되는 데 그치는 사회가 아닌 도덕 공동체."[321]라고 강력하게 주장하고 있다. 그렇다면 그가 언급하는 '도덕적 합의'는 구체적으로 무엇을 의미하는가? 그는 유교가 인간의 보편적인 가치와 이상을 담고 있는 사상이라는 전제하에 유교에

---

320) 함재봉, 『유교 자본주의 민주주의』, 전통과 현대, 2000, 142쪽.
321) 함재봉, 『유교 자본주의 민주주의』, 전통과 현대, 2000, 144쪽.

입각한 도덕적 합의를 강조하고 있다. 그러나 '도덕적 합의'라고 했을 때 문제가 되는 것은 그 도덕의 구체적 의미가 분명하지 않다는 점이다. '도덕'의 의미가 명확하지 않은 상태에서 이상적인 도덕 공동체를 언급하는 것은 공허한 논의로 흐를 가능성이 높게 만든다.

그렇다고 그가 유교에 대해 설명하지 않는 것은 아니다. 오히려 그는 자유주의와 대비하면서 유교의 정치가 지닌 우월성을 다음과 같이 서술한다. "유교는 자유주의와는 달리 인간이 이성을 통하여 공공선을 알 수 있다고 생각했다. 그리고 이러한 객관적이고 도덕적인 지식을 터득하고 실천에 옮길 수 있는 지식인층, 지도층이 형성될 수 있다고 가정했다. 사적(私的)인 이해관계를 초월하여 공공선을 위하여 일할 수 있는 기본적인 도덕적 소양을 갖춘 사람들이 나올 수 있고 정치는 이들에게 맡겨져야 한다고 생각하였다."322) 워낙 자유주의의 범위가 넓기 때문에 절대개인을 상정한 자유주의의 병폐에 대한 그의 문제의식은 정당하지만 그렇다고 그 반대로 유교 도덕을 자의적으로 끌어들이는 것은 그다지 설득력이 없다. 왜냐하면 특정한 도덕은 그 도덕이 형성된 시대적 사회적 배경에서 이루어진 것인데, 그러한 시공간적 맥락을 무시하고 도덕을 절대시한다면 그 자체가 일반화의 오류에 빠질 것이기 때문이다. 그런데 더욱 문제가 되는 것은 그가 유교에서처럼 정치를 담당할 특수한 사람들, 즉 '지식인층', '지도층'을 염두에 둔다는 점이다. 공동체에서 정치를 특수한 어떤 사람이 맡아야 한다는 것은 유교의 정치사상과는 일치하지만 민주주의의 정신과는 위배된다. 특수한 능력을 지닌 어떤 사람을 강조하는 것은 흔히 반민주적인 독선과 아집이 관철되는 전체주의적 독재 정치의 위험성을 높인다.

유교 민주주의를 구체적으로 살펴보기 위해서는 함재봉이 생각하는 공동체의 의미를 좀 더 규명할 필요가 있다. 그가 생각하는 유교 민주주의 공동체는 무엇인가? 그의 주장을 검토해 보면 유교 민주주의 공동체의 최소 단위는 자유주의적인 개인이 아니라 공동체적 의미의 가족이다.

---

322) 함재봉, 『유교 자본주의 민주주의』, 전통과 현대, 2000, 130-131쪽.

다시 말해 가족은 유교적 도덕 공동체가 구현되는 최소 단위인 것이다. 그래서 그는 가장 중요한 공동체를 가족으로 파악하고 있다. "'수신제가 치국평천하'의 사상이 말하고 있는 것은 '수기'를 통하여 자신의 칠정을 제어하고 '사단'을 터득하고 습득하면서 이것을 실천에 옮기는 가장 중요한 공동체가 곧 가족이라는 점이다."323) 한국 사회에서 가족만큼 끈끈한 관계가 드문 것도 사실이지만, 이미 전통적인 가족관계가 급격히 해체되고 새로운 가족관계가 형성되고 있는 것도 사실이다. 과거 농업사회에서 대가족의 도덕을 현재 후기 산업사회의 다양한 가족 형태에 적용하는 것은 무리가 따른다. 오히려 새로운 가족 형태에 맞는 도덕이 요청되고, 가족의 단위를 뛰어넘는 새로운 공동체가 요구되고 있는 실정이다. 그런데 그가 추구하는 공동체의 최소 단위인 가족의 도덕은 너무 구태의연하다. 유교의 가족 중심주의를 마치 유일한 대안처럼 여기는 것은 현실 문제의 해결이 아니라 오히려 결과적으로는 각종 문제의 방치와 온존에 기여하게 될 것이다.

유교 민주주의에서 강조하는 최소 단위로서 가족은 효(孝)라는 도덕적 가치를 중시한다. 물론 개인적으로 인간은 부모와 자식 간의 친밀한 관계나 가족의 화목 속에서 행복을 느낄 수도 있으므로 가족 속의 친밀함이나 가족 간의 화목을 완전히 부정할 필요는 없다. 그러나 효(孝)가 공동체 내에서 지배 이념으로 강조될 때, 그것은 이미 사회적 성격을 지니게 되고 무엇보다 순응적 인간형을 조장한다는 점에서 문제가 있다. 혈연적 가족 관계 속에서 가부장적인 권위 앞에 끊임없이 순종을 강요당하고 그것이 이미 내면화된 인간은 사회의 공공성을 해치는 중요한 문제들에 대해서도 침묵하고 기존 권력에 순종할 수밖에 없는 것이다. 이러한 점에서 효(孝)를 사회나 국가의 차원으로 확대하는 것은 비판을 통한 공공성의 확보라는 측면에서 바람직하지 않다. 또한 효(孝)에 대한 지나친 강조는 흔히 가족 이기주의로 흐르는 경향이 있기에 주의해야

---

323) 함재봉, 『유교 자본주의 민주주의』, 전통과 현대, 2000, 133쪽.

할 사항이다. 게다가 한국 사회에서 재벌의 문제가 항상 가족 중심주의 나아가 가족 이기주의에 바탕하고 있다는 사실을 잊어서는 안 된다. 오히려 가족 중심주의는 우리가 극복해야 할 대상이지 추구해야 할 목표가 아닌 것이다. 따라서 가족 중심주의를 기반으로 한 효(孝)의 도덕 가치는 사회나 국가에서 보편적인 공공의 규범으로 강요되어서는 안 된다.

함재봉은 가족 공동체의 확장인 국가 공동체에 대해 유교의 정치사상을 받아들인다. 그는 유교의 국가관을 다음과 같이 파악한다. "유교가 볼 때 국가는 근본적으로 선할 수 있고 또 선해야 한다. 궁극적인 가치인 인의예지의 실현은 국가와 정부를 통하여 가능하다."324) 그리고 그는 유교 정치의 위민사상과 민본주의가 동아시아의 경제발전에 순기능을 한 것으로 파악한다.325) 문제는 그가 권력의 권위를 인정하면서 '위민'(爲民)이나 '민본'(民本)을 현대 한국의 민주주의로 연결시킨다는 점이다. 그러나 유교의 '민본'이나 '위민'은 '완화된 전제주의'로 오히려 봉건적인 지배질서를 지속시키는 역할을 한 것이 역사적 사실이며, 무엇보다 문제가 되는 것은 통치의 주체가 극소수의 특권 계층일 뿐 일반 백성은 결코 통치의 주체가 될 수 없고 단지 통치의 대상이 될 수밖에 없다는 점이다. 이러한 경우 공동체가 전체주의적 독재로 지배될 가능성이 높아진다. 이런 한계가 있음에도 불구하고 그는 극소수의 통치자가 '도덕적 윤리적 모범'을 보이는 '덕치'를 강조한다.326)

그는 동아시아의 유교사상이 지닌 권위주의적 덕치 개념을 다음과 같이 설명한다. "동아시아에서는 유교사상이 가족의 위계질서를 바탕으로 한 정치, 사회질서를 구축하여 왔다. 덕치로 표현될 수 있는 유교사상이 그리는 정치적 이상은 삼강오륜으로 집약되는 권위체계를 중심으로 운영되는 질서이다."327) 여기서 강조되는 것은 공동체의 최소 단위인 '가족의 위계질서'와 삼강오륜과 같은 '권위체계를 중심으로 운영되는 질

---

324) 함재봉, 『유교 자본주의 민주주의』, 전통과 현대, 2000, 131쪽.
325) 함재봉, 『유교 자본주의 민주주의』, 전통과 현대, 2000, 86쪽.
326) 함재봉, 『유교 자본주의 민주주의』, 전통과 현대, 2000, 108쪽.
327) 함재봉, 『유교 자본주의 민주주의』, 전통과 현대, 2000, 108쪽.

서'다. 결국 그는 덕치가 실현되는 공동체를 추구하면서 그 핵심적인 덕목으로 삼강오륜이라는 권위로 질서가 유지되는 공동체를 이상적인 공동체로 여기는 것이다. 삼강오륜은 역사적 산물이자 봉건적인 신분질서를 유지하기 위한 지배 이념이란 점에서 현대 한국 사회의 바람직한 공동체 모색에 적합한 윤리 규범이 될 수 없다. 결국 그가 꿈꾸는 공동체는 전통 유교에서 강조된 삼강오륜이 구성원들에게 체화되는 유교의 도덕 공동체다. 그런데 정치적 측면에서 볼 때 이 유교의 도덕 공동체는 구성원 간의 평등을 기초로 하지 않고 소수의 특권적 권위를 인정한 상태에서 별도의 통치자를 염두에 두는 매우 불평등한 공동체다. 현대 한국 사회의 문제점으로 지적되곤 하는 특권적인 권위주의의 문제들을 외면하고, 오직 유교 도덕만을 유일한 대안처럼 여긴다는 점에서 그의 유교 민주주의는 현실적 / 이론적 한계를 안고 있는 것이다. 특히 그의 유교 민주주의는 말은 민주주의라고 하지만 민주주의의 핵심인 자유와 평등에 등을 돌림으로써 실제로는 전체주의적인 독재라고 하는 것이 적절할 것이다. 이와 같이 반민주적인 독재 정치에 이용될 수 있는 그의 유교 민주주의는 우리가 지향해야 할 바람직한 공동체가 아닌 것이다.

4절 새로운 공동체 윤리관의 모색

한국 사회에서 바람직한 공동체 윤리관을 새롭게 모색하기 위해서는 전통적인 유교의 민본이나 위민에 머물거나 근대 민주주의에 만족해서는 안 된다. 다시 말해 한국의 전통적인 유교 가운데서도 비판을 거친 창조적 재해석과 함께 근대 민주주의를 넘어서는 새로운 민주주의 공동체에 요청되는 윤리 규범을 모색해야 한다. 이런 점에서 유교의 이론적/실천적 유산들 가운데 오늘날 새로운 민주주의 공동체 윤리관 형성에 도움이 될 만한 것들을 검토하는 것은 매우 의미가 있는 학적 작업이다.

전통적인 유교 사상 가운데 가장 먼저 주목할 만한 것은 기존 권력에 대한 비판 의식이다.[328] 역사적으로 볼 때 유학자들의 대다수는 현실 권력을 옹호하는 경우가 대부분이었고 권력을 비판한 사람은 항상 소수였다. 그러나 그 소수의 유학자들 또는 유교적 지식인들이 목숨을 걸고 기존 권력을 비판한 것은 새로운 공동체 윤리관을 위해서도 바람직한 실천 행위라 할 수 있다. 왜냐하면 새로운 공동체는 끊임없는 권력 비판을 통해 보다 많은 사람들의 이익을 확보할 수 있기 때문이다. 예컨대 김창숙의 경우 일제의 식민 지배 권력에 맞서 목숨을 걸고 독립운동을 전개하였으며, 소수의 이익만을 옹호하던 독재권력에 대해서도 끊임없이 비판의 칼날을 세웠다. 이러한 그의 삶은 일본의 독재 권력이나 이승만의 독재 권력에 대한 철저한 비판을 통해 궁극적으로 민주주의 공동체 구성에 중요한 역할을 한 것이다. 기존 권력에 대한 비판 의식이 없다면 그 공동체는 독재로 흐르기 쉬운 것이 역사적 사실과 부합된다. 따라서 바람직한 민주주의 공동체 구성을 위해 한국의 전통적인 유교 사상 가운데 계승할 필요가 있는 것은 기존 독재 권력에 대한 철저한 비판이다.

또한 한국의 유교 사상 가운데 타인을 수단이나 사물이 아닌 목적이나 인격으로 대하는 것을 중시할 필요가 있다. 그런데 전통적인 유교 사상에서는 양반인 내가 타인을 인격으로 대한다고 할 때 그 타인이 자신과 동등한 양반이라는 것을 전제하는 한계가 있기는 하다. 그래서 양반이 아닌 타인, 예컨대 상놈의 경우는 인격체로 대우하기가 어려웠던 것이다. 그러나 이와 같이 과거 신분 사회 속에서 존재할 수밖에 없는 제한성은 오늘

---

328) 유교에서 특히 맹자가 은나라 천자였던 주왕을 '깡패'(一夫)로 취급한 것은 흔히 왕의 독재 권력에 대한 신랄한 비판의 사례로 언급된다. 성균관대 대동문화연구원 편, 「맹자」, 『경서』, 성균관대출판사, 1990, 485쪽.

날 민주주의 사회에서 이미 극복되었고, 오히려 빈부의 문제와 같은 경제적 불평등의 심화가 새로운 문제로 등장하고 있다. 이 과정에서 타인을 인격체로 대우하기보다 자신의 이익을 위한 수단으로 여기는 경향이 확대되고 있는 실정이다. 이런 점에서 볼 때 유교 윤리 가운데 공자가 언급한 "내가 당하고 싶지 않은 일을 남에게 행하지 마라."[329](己所不欲, 勿施於人)를 다시 생각해 볼 필요가 있다. 바람직한 민주주의 공동체에서 비록 소극적인 의미이지만 적어도 타인을 인격으로 대우하고 그에게 피해를 끼치지 않으려는 자세는 당연히 공동체를 위해 필요한 윤리 규범이 될 만하다.

그렇다면 바람직한 민주주의 공동체를 위해 보다 적극적인 유교 윤리는 어떤 것이 있을까? 오늘날 한국 사회에서 유교가 정당한 역할을 하지 못하는 원인들은 많이 있고, 그 가운데 외재적인 이유도 중요하지만 유교 자체의 문제를 생각해 볼 필요가 있다. 유교 사상에서 핵심적인 '시중'(時中),[330] 즉 '그때에 알맞은 사상'으로 거듭나지 못했기 때문이다. 다시 말해 한국 사회의 극심한 변화 과정에서 유교가 자기 변화를 통해 제대로 역할을 하지 못했던 것이다. 물론 '시중'(時中)에는 긍정적 측면과 부정적 측면이 함께 담겨 있기 때문에 어떻게 재해석하느냐가 문제의 관건이다. 다시 말해 부정적으로 볼 때는 현실의 보수적 구조에 순응하는 것으로 보일 수도 있지만, 보다 적극적으로 해석해서 긍정적으로 볼 때는 현실의 모순을 적극적으로 해결하는 가운데 사상의 쇄신과 발전이 이루어지는 것이다. 이 가운데 유교의 '시중'(時中)을 적극적으로 해석한다면 공동체의 발전에 유교가 기여할 점이 있을 것이다.

확실히 바람직한 민주주의 공동체를 생각할 때 유교 윤리의 '비판성', '인격성', '시의성'이 공동체에 중요한 역할을 할 수 있다. 권력에 대한 비판과 견제는 그 공동체의 권력이 독재로 치우치지 않게 만들고 부패하지 않게 만들 수 있다. 그렇다고 유교의 비판의식이 모든 권력을 맹목

---

329) 성균관대 대동문화연구원 편, 「논어」, 『경서』, 성균관대출판사, 1990, 292쪽.
330) 성균관대 대동문화연구원 편, 「중용」, 『경서』, 성균관대출판사, 1990, 777쪽.

적으로 비판하는 것을 의미하지는 않는다. 권력이 사적인 이익에 치우치고 공공성을 해칠 때 그것을 날카롭게 비판하는 유교적 전통을 계승하는 것이 필요한 것이다. 또한 공동체 구성원에 대해 상호 인격체로 대우한다면, 그 사회 구성원으로서의 기본 권리를 인정할 수밖에 없을 것이다. 이러한 타인에 대한 인격적 배려는 사회 체제가 어떠하든 소극적인 의미나마 필요한 윤리적 덕목이 될 수 있다. 그리고 그때그때의 문제들을 해결하는 데 가장 적합한 사상을 모색하는 것은 공동체의 문제나 모순 해결에 도움이 될 것이다. 왜냐하면 공동체가 존재하는 한 발생할 수밖에 없는 문제나 모순을 해결하는 것은 바로 지금 이곳의 문제에 대한 철저한 문제의식과 실천적 노력 속에서 가능하기 때문이다.

그런데 전통적인 유교 사상 가운데 어떤 윤리 규범만을 사회문화적 맥락과 상관없이 추상적으로 계승하는 것은 실제적인 방법의 측면에서 상당한 무리가 따른다. 중요한 것은 바람직한 민주주의 공동체에 필요한 윤리 규범이지 전통의 어떤 요소나 특정 가치가 아니다. 특히 민주주의 공동체에서 가장 문제가 되고 있는 '권력'과 '지배'의 유형을 떠난다면 매우 공허한 논의에 그칠 염려가 있다. 권력과 지배의 측면을 고려할 때 바람직한 민주주의 공동체에서 가장 중요한 핵심은 권력의 주체가 소수의 지배 계급이 아닌 다수 민중이 되어야 한다는 점이다.[331] 다시 말해 현실의 지배 / 피지배 관계에서 가장 중요한 것은 민중이 중심인 지배 형태를 갖추지 않으면 그 민주주의 공동체는 단지 구호에 그칠 가능성이 높다. 민중 중심의 민주주의 공동체는 적어도 공동체 구성원의 의견이 충실히 반영될 수 있는 공적 통로를 확보해야 한다. 그리고 그 민주주의 공동체가 간접민주주의나 대의민주주의가 아니라 직접민주주의의 형태

---

331) 이와 같이 권력과 지배의 문제의 측면에서 민주주의를 다음과 같이 규정할 수 있다. "민주주의는 일인이나 소수의 독재가 아닌 다수 민중이 권력의 주체이자 객체인 정치체제다." 다음을 참조할 것. 김원열, 「유교 민주주의론에 대한 비판적 고찰」, 『우리 시대의 민주주의에 대한 철학적 반성과 전망』, 범한철학회 봄 학술발표회 발표문. 2002, 42쪽.

를 갖추어야 한다. 흔히 규모의 정치학을 이야기하면서 직접민주주의가
현실적으로 어렵다는 것을 말하곤 하지만, 현재의 과학기술 수준을 바탕
으로 한 정치 제도의 개선만으로도 직접민주주의의 실현이 현실적으로
가능한 것이다. 예를 들어 인터넷의 보급과 교육을 확대하고 그것을 통
해 공동체 구성원 각각의 의견을 반영한다면 직접민주주의에 가까운 정
치 체제를 만들 수 있을 것이다. 오히려 직접민주주의의 가장 큰 적은
기존 권력관계에서 기득권을 지닌 자들이고, 그들의 완고한 반대로 정치
변혁이 이루어지기 어려운 것이다.

5절 글을 맺으며

지금까지 유교와 민주주의의 내재적 모순 관계를 규명하고 유교 민주
주의에 대한 비판적 검토를 거친 뒤, 바람직한 공동체 윤리관을 살펴보
았다. 그 과정에서 유교 도덕이 역사적 산물이기 때문에 현대 공동체의
대안적 도덕규범으로 내세우기에는 부족한 점들을 지적하였고, 새로운
형태의 공동체 윤리가 필요하다는 것을 강조하였다. 또한 유교 민주주의
에서 언급되는 유교의 도덕 공동체가 민주주의가 아닌 독재의 논리로
기울 수 있는 문제점을 지적하고, 유교의 사상 가운데 '비판성', '인격
성', '시의성'과 같은 윤리적 규범이 오히려 바람직한 공동체의 추구와
형성에 적합하다는 것을 논증하였다.

그런데 민주주의 담론에서 가장 중요한 것은 역시 지배의 주체 문제
다. 이상적인 공동체라면 지배와 피지배 관계가 없는 완전히 이상적인

상태를 꿈꿀 수 있지만, 적어도 현실 속의 공동체를 논의한다면 지배의 주체 문제에서 자유로울 수 없다. 이 지배의 주체 문제에서 유교 민주주의는 특수한 도덕적 능력을 갖춘 소수의 지배자를 통치의 유일한 주체로 상정하고 다수의 민중을 피지배자, 즉 통치의 대상으로 설정한다. 이러한 논리는 마치 과거 전통 사회에서 사대부가 했던 정치적 역할을 오늘날 다시 요청하는 것과 같은 것이다. 특히 유교 민주주의의 정치관은 공동체 내부의 경제적 / 정치적 / 문화적 / 사회적 불평등을 더욱 심화시킬 수 있다는 점에서 매우 경계하지 않을 수 없다. 왜냐하면 지배자의 특권과 권위가 강요되거나 인정되는 사회에서는 그만큼 지배자와 피지배자의 불평등 지수가 높아질 수밖에 없기 때문이다. 따라서 유교 민주주의 공동체는 말만 민주주의지 실상은 소수의 통치 계급의 전체주의적 독재가 되고, 공동체 구성원에게 내면화된 전체주의는 결과적으로 타자를 배제하여 차별적으로 취급할 가능성이 높다.

우리가 바람직한 사회 모습으로 새로운 민주주의 공동체를 생각한다면 적어도 다음과 같은 것이 먼저 이루어져야 한다. 첫째, 공동체의 구성원들이 자유롭게 이상적인 사회를 꿈꾸고 이야기하며 실제로 그 사회를 만들기 위해 실천할 수 있어야 한다. 그렇지 않다면 항상 주어진 사회의 틀을 벗어나지 못하고 현실의 모순 극복에도 근본적인 한계를 지니게 될 것이다. 예컨대 우리의 대안적인 상상력을 위축시키는 국가보안법과 같은 악법이 폐지되어야 실질적으로 학문사상의 자유가 이루어지고 그 속에서 바람직한 공동체에 관한 담론과 실천이 무성해질 수 있는 것이다. 둘째, 민중이 쉽게 권력을 장악할 수 있는 정치 체제가 필요하다. 아직 우리 사회의 정치 문화는 민중이 정치적 신념을 자유롭게 표출하고 지지를 획득할 수 있는 공간이 부족한 실정이다. 이런 점에서 사회의 다수를 구성하고 있는 민중이 수월하게 정치권력에 접근할 수 있어야 한다. 다시 말해 민중이 권력의 실질적 주체가 될 수 있는 정치 공간이 확장되어야 하는 것이다. 셋째, 독재에 대한 민주주의의 견제 장치가 풍부하게 있어야 한다. 왜냐하면 독재는 필연적으로 인권을 탄압하고 공동체를 갈등과 대립으로 점철시켜 결국 공동체를 붕괴시키기 때문이다. 따라서 민주주의의 원리로 운영되는 민중의 자치 조직들이 현실 속에서 굳건하게 뿌리를 내려 전체주의적 독재를 견제할 수 있는 역량을 갖추어야 한다.

물론 이상과 같은 전제 조건들이 실현된다고 해서 완벽한 공동체가 완성되는 것은 아니다. 왜냐하면 어떤 인간 공동체든 시간이 지나면 새로운 문제에 봉착하고 모순이 심화될 것이기 때문이다. 또한 유교를 비롯한 전통 사상의 어떤 요소를 추상화시켜 미래의 이상적인 공동체의 모습에 덧붙이는 것은 실현가능성도 없고 반드시 필요한 과정도 아니다. 중요한 과제는 이상적인 공동체의 모습을 관념적으로 완성하는 것이 아니라 지금 이곳의 모순을 극복하려는 이론적 / 실천적 노력이다. 한국 사회의 모순을 극복하려는 노력 속에서 새로운 공동체를 현실로 만들 수 있다는 점이 중요한 것이다. 따라서 바람직한 공동체 윤리관은 이상적인 윤리 규범만으로 이루어지는 것이 아니라 실제로 그 공동체를 만들려는 사회적 실천 속에서 이루어진다는 점을 자각할 필요가 있다.

참고문헌

김대중 외, 『아시아적 가치』, 전통과 현대, 1999.

김문식, 「조선의 지도자 교육과 현대의 보편교육」, 『전통과 현대』, 전통과 현대, 1997.

김병국, 「반(反)유교적 유교정치」, 『전통과 현대』, 전통과 현대, 1997.

김석근, 「자유주의와 유교-만남과 갈등 그리고 화해」, 『전통과 현대』, 전통과 현대, 1997.

김원열, 「동북아시아 삼국의 근대성에 대한 비판적 고찰」, 『시대와 철학』제16권 3호, 한국철학사상연구회, 2005.

김원열, 「민중의 관점에서 바라본 문화대혁명」, 『시대와 철학』제14권 2호, 한국철학사상연구회, 2003.

김원열, 「민중이란 무엇인가?」, 한국철학사상연구회 한국사회문제연구분과 제10차 발표문, 2004년 6월.

김원열, 「유교 민주주의론에 대한 비판적 고찰」, 『우리 시대의 민주주의에 대한 철학적 반성과 전망』, 범한철학회 봄 학술발표회 발표문, 2002.

김원열, 『중국 철학의 인간 개념 연구』, 한국학술정보, 2005.

김원열·문성원, 「유교 윤리의 근대적 변형에 대한 비판적 고찰」, 『시대와 철학』제17권 1호, 한국철학사상연구회, 2006.

김의수, 「한국사회 현실과 민주주의 전망」, 『우리 시대의 민주주의에 대한 철학적 반성과 전망』, 범한철학회 봄 학술발표회 발표문, 2002.

김형철, 「현대의 도덕관과 유교의 도덕관」, 『전통과 현대』, 전통과 현대, 1997.

김홍경, 「유교자본주의론의 형성과 전개」, 『동아시아 문화와 사상』, 열화당, 1999.

노르베르토 보비오, 『자유주의와 민주주의』, 황주홍 역, 문학과 지성사, 1992.

로버트 달, 『민주주의』, 김왕식 외 역, 동명사, 1999.

베링턴 무어, 『독재와 민주주의의 사회적 기원』, 진덕규 역, 동명사, 1985.

샤오메이 천, 『옥시덴탈리즘』, 김정아 역, 강출판사, 2001.

성균관대 대동문화연구원 편, 『경서』, 성균관대출판사, 1990.

성균관대 대동문화연구원 편, 『예기』, 성균관대출판사, 1985.

심산사상연구회 편, 『김창숙문존』, 성균관대 대동문화연구원, 1989.

에드워드 W. 사이드, 『오리엔탈리즘』, 박홍규 역, 교보문고, 1991.

염수균, 「진보적 대안으로서의 민주적 자유주의」, 『우리 시대의 민주주의에 대한 철학적 반성과 전망』, 범한철학회 봄 학술발표회 발표문, 2002.

유석춘, 「'유교 자본주의'의 가능성과 한계」, 『전통과 현대』, 전통과 현대, 1997.

이승환, 「누가 감히 '전통'을 욕되게 하는가?」, 『전통과 현대』, 전통과 현대, 1997.

이승환, 「문화는 진보하는가?」, 『전통과 현대』, 전통과 현대, 1998.

이승환, 「반유교적 자본주의에서 유교적 자본주의로」, 『동아시아 문화와 사상』, 열화당, 1999.

이승환, 『유가사상의 사회철학적 재조명』, 고려대 출판부, 2001.

이승환, 『유교 담론의 지형학』, 푸른숲, 2004.

장은주, 「인권과 민주적 연대성」, 『시대와 철학』제13권 1호, 한국철학사상연구회, 2002.

장현근, 「공자는 과연 살아날 수 있는가」, 『전통과 현대』, 전통과 현대, 1997.

최장집, 『민주화 이후의 민주주의』, 후마니타스, 2002.

한국철학사상연구회 편, 『현대신유학 연구』, 동녘, 1994.

한국철학사상연구회 편, 『현대중국의 모색』, 동녘, 1992.

함재봉 외, 『유교 민주주의 왜 & 어떻게』, 전통과 현대, 2000.

함재봉, 「경국제민과 한국자본주의」, 『전통과 현대』, 전통과 현대, 1997.

함재봉, 『유교 자본주의 민주주의』, 전통과 현대, 2000.

함재봉, 『탈근대와 유교』, 나남출판사, 1998.

Tu Weiming, "Family, Nation and the World: The Global Ethic as a Modern Confucian Quest", *The Challenge of the 21st Century −The Response of Eastern Ethics*, Asan Foundation, 1997.

Tu Weiming, "The Gloval Significance of Logical Knowledge", *Searching for the New Directions of East Asian Studies: Focusing on the Aspect of Thoughts and Ideas*, The Academy of East Asian Studies, Sungkyunkwan University, 2000.

Yü Ying−shih, "Confucian Ethic and Capitalism", *The Challenge of the 21st Century −The Response of Eastern Ethics*, Asan Foundation.

Abstract

The Confucian Democracy and the Viewpoint of Ethics on the Community

Kim, Won−Yeol

This thesis is written for the purpose of analyzing on the mutual relation of the Confucianism and the Democracy. By the way the Confucian Democracy internalizes an authoritative totalitarianism, excludes the others. Therefore I criticize the problems, look out for the new ethics on the community.

There is on comparison between the traditional Confucianism and the modern Democracy In the method. The comparison is unfair, because it has timely so far an interval of many centuries. Accordingly it is fair that a comparison between the Confucianism and the Catholicism.

In the Korean Society, the advocates of Confucian Democracy assert a democratic element in the Confucianism. For example Ham Jae−Bong is taking a serious view of a moral community in the Confucian Democracy. Concretely he pursues the moral community of Sam Gang O Ryun(三綱五倫) in the traditional Confucianism. However this Confucian moral community is not an equality but an inequality, because he recognize the privileged class in the community. Therefore it is not a democratic community but a totalitarian dictatorship. In other words, I criticize the totalitarianism in the Confucian Democracy.

Some values are worthy of notice in the traditional Confucianism, For example, 'Critique', 'Personality', 'Well－timed' etc. Yet it is an important problem that is not a metaphysical value but a subjective rule. Minjung(民衆) is the Subject in the democratic community. Today a direct democracy is possible with an internet development. Accordingly I think that the direct democracy of Minjung will transfer Reality－Community to Ideal－Community.

Subject Sphere: Confucian Philosophy, Social Philosophy, Political Philosophy, Critical Philosophy, Korean Philosophy.

Key Word: Confucianism, Democracy, Confucian Democracy, Totalitarianism, Reality－Community, Ideal－Community.

색 인

● 김원열(金元烈) ●

서울 을지로에서 우량아로 태어났고 어린 시절 천진난만하게 자랐으며 청소년 시기 삶과 죽음의 문제에 골몰했다. 철학에 관심을 갖고 성균관대학교 동양철학과에서 학부 및 대학원 석박사 과정을 마쳤으며 특히 성대 양현재 기숙사 생활은 민족의 흥망성쇠를 자각하는 계기가 되었다. 문학석사 논문은 「송대 신유학의 자연 개념 연구」(1997)이고 철학박사 논문은 「중국 철학의 인간 개념 연구」(2004)이다.

박사 학위 취득 이후 한국철학사상연구회의 전임연구원으로 학술활동을 하면서 주로 한국근현대의 철학 사상을 연구했으며, 대학강의는 성균관대, 한국기술교육대, 호서대 등에서 사회철학 관련 강의를 했다. 지난 몇 년간 새로운 인문학을 모색하는 과정에서 인문콘텐츠학회 이사로 활동하게 되었으며, 현재도 인문학과 콘텐츠의 융합적 만남에 대한 연구를 계속 진행하고 있다. 학술단체협의회 대외협력위원장을 역임했으며 현재 한양사이버대 교양학부 철학 교수로 재직 중이다.

주요 저서는 『중국 철학의 인간 개념 연구－인식방법의 전환을 중심으로』(한국학술정보, 2005), 『최제우의 동경대전』(삼성출판사, 2006)이다. 또한 주요 논문은 「유교민주주의론에 대한 비판적 고찰」(2002), 「민중의 관점에서 바라본 문화대혁명」(2003), 「황도 유교의 사유체계와 방법론적 문제점에 대한 비판」(2004), 「동북아시아 삼국의 근대성에 대한 비판적 고찰」(2005), 「유교 윤리의 근대적 변형에 대한 비판적 고찰」(2006), 「유교 민주주의와 공동체 윤리관」(2006) 등이다.

전자우편 : bulgum@hycu.ac.kr

동북아시아 유교의 전통과 현대

• 초판 인쇄   2007년 9월 15일
• 초판 발행   2007년 9월 15일

• 지 은 이   김원열
• 펴 낸 이   채종준
• 펴 낸 곳   한국학술정보㈜
             경기도 파주시 교하읍 문발리 526-2
             파주출판문화정보산업단지
             전화 031) 908-3181(대표) · 팩스 031) 908-3189
             홈페이지 http://www.kstudy.com
             e-mail(출판사업팀사업부) publish@kstudy.com
• 등   록   제이사 115호(2000. 6. 19)
• 가   격   24,000원

ISBN   978-89-534-7529-8 93150 (Paper Book)
        978-89-534-7530-4 98150 (e-Book)